Kabaal!

Kabaal!

Feest en strijd in de Nederlandse literatuur

Elke BREMS, An FAEMS, Eveline VANFRAUSSEN
(red.)

PEETERS
2004

Coverillustratie: ontwerp Stefan De Pauw

D 2004/0602/68
ISBN 90-429-1462-9

INHOUD

Ten geleide

Wij hadden beter moeten weten. Wij zijn tenslotte alerte mensen die zich via de media voortdurend laten informeren over een intens agressieve wereld. En toch schrikten wij nog even op toen op de uitnodiging om wat feestelijke drukte of krijgshaftig geraas uit de Nederlandse literatuur te laten horen, enkel bloedige strijdtaferelen en onrustwekkend kabaal volgden. Al snel bleek uitbundig feesten zelfs totaal ongepast: de lezingenreeks 'Kabaal! Feest en strijd in de Nederlandse literatuur', die wij in het voorjaar van 2003 organiseerden, werd van in het begin overschaduwd door de dreiging van een Amerikaanse aanval op Irak. De literaire oorlogstaal werd plots heel erg reëel. In deze bundel, die de neerslag vormt van die lezingenreeks, is de strijd dan ook alomtegenwoordig. Zelfs in Willem Elsschots verhaal *Tsjip*, waarin zich nochtans geregeld de gelegenheid voordoet om een feestje te bouwen – er is toch het succesvol afstuderen van de oudste dochter, haar huwelijk en de geboorte van haar eerste kind –, hoort Koen Rymenants de allesbehalve daadkrachtige en eerder stumperige kantoorklerk Laarmans zijn verhaal overwegend in termen van strijd doen. Het feestgedruis dreigt dan ook voortdurend overstemd te raken door, zij het allerminst levensbedreigend, strijdgewoel.

Uit de overige bijdragen klinken de strijdkreten nog veel scherper op. Stoutmoedige helden grijpen naar de wapens, kiezen hun vijand en gaan luidruchtig tekeer ter verdediging van hun ideaal. De literaire tekst fungeert in deze bundel niet alleen als projectiescherm voor dit strijdtoneel, maar speelt ook zelf mee als hulpmiddel in de strijd, als de te bestrijden vijand en zelfs als ultiem streefdoel van het gevecht.

DE TEKST ALS INZET VAN DE STRIJD. Sinds de moderniteit de scepter zwaait, is een literair leven zonder strijd niet meer denkbaar. Debuterende schrijvers sluiten de gelederen en zetten zich met veel kabaal af tegen hun voorgangers. Ze lanceren een conflict tussen jong en oud, levenskrachtigen en verzwakten. De literaire praktijk van de oudere generatie wensen zij niet langer als de hunne te beschouwen. Hun literatuur moet nu eenmaal aan heel andere noden beantwoorden. Hugo Brems traceert een hele reeks van dichters die weigeren in de voetsporen te treden van wie hen voorgingen. Tachtigers, Vijftigers, Maximalen, Nieuwe Wilden en Sprooksprekers, ze sturen allen aan op een breuk met de gevestigde literaire orde. Ze verbreken de continuïteit om opnieuw aansluiting te vinden bij het leven zoals zij dat zien. Een literatuur die als een op zichzelf gesloten systeem met de werkelijkheid niets te maken wil hebben, is voor hen niet langer wenselijk. Hun strijd behelst de overschrijding van de telkens weer versterkte grens tussen literatuur en leven. Dat ook bij Elsschot deze radicale scheiding niet onproblematisch blijkt te zijn, leert ons Koen Rymenants' lectuur van de 'Opdracht' van *Tsjip*. In die 'Opdracht' lijkt de ikfiguur zich niet echt op zijn plaats te voelen in een literaire wereld die de alledaagsheid ontkent.

DE TEKST ALS TE BEKAMPEN VIJAND. Aan grenzen morrelen gebeurt nooit ongestraft. De gevestigde waarden vechten terug met een vernietigende receptie. Hugo Brems en Koen Rymenants verliezen ook dit gevecht niet uit het oog. De dominerende literatuuropvattingen, of ze nu van strikt esthetische aard zijn of ook voor levensbeschouwelijke kwesties plaats inruimen, dulden geen tegenspraak en onverbiddelijk ontzeggen ze de stijfhoofdige jongeren de toegang tot het literaire bastion. De negentiende-eeuwse marktzangers, waarmee de lezer kan kennismaken in Stefaan Tops bijdrage, zijn er zelfs nooit in geslaagd deze goedbeveiligde vesting ook maar te benaderen. Slechts als folkloristisch fenomeen laten streekauteurs als Lode Baekelmans, Ernest Claes of Felix Timmermans hen toe in hun werk.

DE TEKST ALS ARENA. De in deze bundel besproken teksten stellen zich vooral open voor een gewelddadige werkelijkheid. Als stof kiezen ze immers voor kleine en grote historische gebeurtenissen als de kruistochten, de gruwelijke brandschatting van Tienen in 1635 en het daaropvolgende beleg van Leuven, de dreiging van een atoomoorlog, de aanslagen van 11 september 2001, maar ook voor het *fait divers* van moord en doodslag, de roofoverval in Nijlen van 1842 bijvoorbeeld. Deze literatuur ontloopt de actualiteit niet. Als verspreider van nieuws en wetenswaardigheden geeft ze de beslotenheid van de dichtbundel dan ook op en kiest radicaal voor de krant, voor het strooibiljet of affiicheert zich op reclamezuilen en wc-deuren.

DE TEKST ALS WAPEN. De meeste auteurs van deze bijdragen stoten op teksten die het leven binnenhalen. Deze teksten willen echter niet alleen deelhebben aan het leven. Ze beogen daadwerkelijk een functie in de werkelijkheid te vervullen die veel verder reikt dan de verslaggeving. Ze willen aanklagen, veroordelen, tieren en honen, maar ook beleren, overtuigen en de wereld ondubbelzinnig opdelen in goed en kwaad. De door Geert Claassens uitgekozen tekst strijdt voor het christendom met een held die onder het toeziend oog van God een helse strijd aanbindt tegen moslims. Zelfs de moordliederen van negentiende-eeuwse marktzangers gebruiken de sensationele gebeurtenissen om de toehoorder te winnen voor de goede zeden en het geloof. Stefaan Top vestigt de aandacht van de lezer op de obligate aansporingen tot deugdzaamheid en vroomheid, waarmee berouwvolle misdadigers of belerende vertellers hun lied afsluiten. Het geloof als ultiem betekenisgevend systeem speelt ook in Anne Decelles bijdrage een rol. Haar analyse laat echter zien hoe Hertmans' gedicht '11 september 2001' net een bom legt onder basisopposities als materialistisch en spiritualistisch, goed en kwaad, islamitisch en christelijk. Ze structureren niet alleen het spreken van de populaire media, maar ook dat van intellectuele debatten. Het gedicht ontmaskert de mens in zijn drang naar orde en samenhang waarmee hij angstvallig de warboel tracht toe te dekken.

DE IMPACT VAN DE TEKST. Ook al delen de meeste hier besproken teksten het opzet de lezer te bewerken, ze kiezen niet steeds voor dezelfde middelen. De door gezagsgetrouwe zeventiende-eeuwse rederijkers geschreven pamfletten bij een overwinning van het katholieke Zuiden op de Republiek zijn veeleer vermakelijk. Ze steken de draak met de overwonnen vijand en stellen op spitse wijze de zwakheden van de tegenstander aan de kaak. Het pamfletdicht *Den ombyt van Loven*, dat Karel Porteman uitvoerig toelicht, verliest ten dele zijn slagkracht door de talloze spitsvondigheden die speciaal door en voor studenten werden uitgedacht. Deze studentikoze herschrijving schermt de lezer af van een in se pijnlijk gebeuren. Maar niet altijd versluiert de geestigheid de afschuwelijke wandaden die onlosmakelijk verbonden zijn met strijd. In deze bundel wordt de aanschouwelijke voorstelling van martelpraktijken zeker niet geschuwd. Zo gaat Geert Claassens in zijn bijdrage op zoek naar de betekenis en functionaliteit van het excessieve geweld in de veertiende-eeuwse ridderroman *Seghelijn van Jherusalem*. Door de nauwgezette beschrijvingen van lichamelijke kwellingen zou de boodschap zich vastzetten in het geheugen. Bovendien herinnert Stefaan Top de lezer eraan dat de negentiende-eeuwse marktzanger met die gruwelijke folteringen tegemoet trachtte te komen aan de sensatielust van het samengestroomde volk.

HET INTERTEKSTUELE KARAKTER VAN HET OORLOGSTUIG. Terwijl de meeste teksten in deze bundel de werkelijkheid als aanleiding hebben of er een onderkomen aan geven, worden ze toch voornamelijk onderzocht in hun verhouding tot ander tekstueel materiaal. Precies door bemiddeling van andere teksten, genres en kunstvormen zoeken ze toegang tot de werkelijkheid. Terwijl Karel Portemans belangstelling vooral uitgaat naar de literaire technieken aangewend in het zeventiende-eeuwse pamflet, demonstreert Geert Claassens hoe zijn ridderroman niet zozeer doorverwijst naar de middeleeuwse rechtspraktijk, dan wel naar andere artefacten, schilderijen en religieuze geschriften. Ook Anne Decelle laat Hertmans' gedicht betekenis genereren in een intertekstueel spel met gedichten van Auden en reflecties van Huntington en Žižek.

EEN FEESTELIJK KLEEDJE. Als inzet, als wapen, als strijdtoneel, de tekst zaait steeds onenigheid, maar paradoxaal genoeg verenigt zijn taal, die vaak poëtisch is, wat verdeeld is. Zelfs een agressieve raptekst, waarbij de hedendaagse performancedichter toch aansluiting zoekt, is niet denkbaar zonder eenheidscheppende poëtische middelen als rijm, ritme en beeldspraak. Formele gelijkenissen brengen samen wat onverenigbaar leek. Woorden die inhoudelijk ver verwijderd zijn, komen door een gedeelde klank, een parallelle positie of zelfs een kortstondig opgelicht gemeenschappelijk betekenisaspect, tijdelijk onder elkaars invloed. Even is er sprake van toenadering. Maar niet alleen de woorden komen in beweging. Al sinds het begin der tijden klimmen dichters op podia en verzamelen een menigte om zich heen. In deze bundel ziet de lezer negentiende-eeuwse marktzangers door een combinatie van zang, muziek, gekleurde rolprenten en liedblaadjes de zondagse kerkgangers in feeststemming brengen. Ook de performancedichters van de laatste decennia laten met veel rumoer en spektakel hun woorden vieren. Met hun optredens verbinden ze heel wat tegenstrijdigheden.

Op hun tournees houden ze niet enkel halt bij theaters en culturele centra, maar ook in discotheken, cafés, jeugdclubs, en zelfs kraakpanden brengen ze hun uitzinnige boodschap ten gehore. Hun gedichten flirten met de alternatieve rock of rap, met de populaire cultuur van tijdschriften, film, televisie, videoclips en computeranimatie. Verschillende genres vinden elkaar, hoge en lage cultuur raken verzoend. Zelfs Elsschots Laarmans vindt uiteindelijk de gepaste toon. Op de valreep schiet zijn relaas toch nog euforisch de hoogte in wanneer hij op plechtige, haast extatische toon en met bijbelse beeldspraak vertelt over de eerste ontmoeting met zijn kleinzoon. Zo wordt dit verhaal van conflicten toch nog een onvergetelijke bijeenkomst.

Tot slot nemen wij dit voorwoord te baat om een aantal mensen en instanties te bedanken die het totstandkomen van de lezingenreeks en het verschijnen van dit boek mee mogelijk hebben gemaakt. Het departement Literatuurwetenschap en de Cultuurcommissie van de K.U.Leuven zorgden voor subsidies, het Cultuurcentrum Leuven en de Openbare bibliotheek Tweebronnen voor de praktische organisatie en het Café Henri Vandevelde voor de locatie. Stefan De Pauw ontwierp de affiches en de folders, die door uitgeverij Peeters gedrukt werden. Ook de publicatie van dit boek was in handen van uitgeverij Peeters.

'Liever een bezetene dan een sudderlap' Hedendaagse dichters ten strijde tegen uitgekookte poëzie

HUGO BREMS*

Maximalen en Nieuwe Wilden

'Liever een bezetene dan een sudderlap'. De volledige passage, doordrenkt met feestelijkheid, strijd en algehele vitaliteit, waaraan deze titel ontleend is, gaat zo:

> Zo zorgt de dichter ervoor dat kunst en leven weer samenvallen, waardoor het hem vergund is een nar, een hoogmoedige, een vleesgeworden nachtmerrie te zijn. Eerder een bezetene dan een sudderlap. Eerder een ontregelaar dan een ritselaar. Zijn jachtterrein is het hier en nu. Zijn tempo is hoog. De droom heeft hij afgezworen, het theater geenszins! Daar onthult hij het onzegbare, zonder snotterende sentimenten. Met een maximale tongzoen brengt hij de bedlegerige muze tot bewustzijn. Dat is zijn bijdrage aan het avondland.[1]

Aldus Arthur Lava in de inleiding 'L'aperitivo' van de door hem samengestelde bloemlezing *Maximaal* uit 1988 (afb. 1). Een sudderlap is volgens Van Dale 'een stuk vlees dat lang moet sudderen om gaar te worden', een lapje dradig vlees, zeg maar, dat urenlang ligt te sudderen, tot het weliswaar volkomen gaar is, maar ook alle smaak heeft verloren. Zo was het volgens deze Maximalen rond 1985 met de Nederlandse poëzie gesteld. Zij hadden daar nog andere omschrijvingen voor. De inleiding van Lava begint zo:

> Als er één kunstuiting bestaat die ons tegenwoordig als een geeuwend nijlpaard doet vastkoeken aan de oevers van verveling, dan is het wel de poëzie. Dat komt doordat veel hedendaagse dichters zich

* Hugo Brems is gewoon hoogleraar moderne Nederlandse letterkunde aan de afdeling Nederlandse literatuur en volkskunde van de K.U.Leuven.

[1] Lava 1988, 13-14.

Afb.1: Arthur Lava (red.), *Maximaal. Werk van 11 Nederlandse en Vlaamse dichters*. Haarlem 1988, In de Knipscheer.

> hebben toegelegd op het figuurzagen van fletse stillevens die geen enkele aantrekkingskracht bezitten.[2]

Het is 'het juk van het grote niets', zoals Joost Zwagerman het enkele maanden eerder al had genoemd in een geruchtmakend opstel in *de Volkskrant*.[3] De bestaande poëzie wordt verder gekwalificeerd als bloedeloos, lispelend, afgepast, levenloos en de dichters ervan worden verwezen naar het rusthuis. Voor de eigen poëzie worden dan termen gebruikt als vitaal, extravert en volbloedig. Het is een poëzie waarin de dichter weer volop als persoon aanwezig wil zijn, 'vorm *en* vent, twee voor de prijs van één!'.[4]

Maximaal bevatte werk van onder anderen Pieter Boskma, Dalstar, Johan Joos, René Huigen, Tom Lanoye, Arthur Lava, K. Michel, Frank Starik en Joost Zwagerman, een gezelschap dat

[2] Lava 1988, 11.
[3] Zwagerman 1987.
[4] Lava 1988, 13.

slechts eenmaal samen optrad, bij de presentatie van het boek op 24 mei 1988 in de tot discotheek verbouwde Amsterdamse bioscoop Roxy.

Maximaal, dat meteen veel aandacht kreeg in de pers, kwam niet helemaal onverwacht. Al in de jaren daarvoor waren critici als Anbeek, Bernlef en Goedegebuure tot de overtuiging gekomen dat de Nederlandse poëzie was vastgelopen in een 'maniertje', ten prooi gevallen aan 'het virus van de verliteratuurdheid': 'Het is de vonk die ontbreekt, het lef om het risico van het grote woord te durven nemen en desnoods plat op het gezicht te gaan, ten aanschouwe van de bedaagde keurmeesters van de Nederlandse dichtkunst.'[5]

Ook de dichters zelf van *Maximaal* hadden al eerder van zich laten horen, zij het aanvankelijk binnen een beperkter circuit, waarvan ook plastisch kunstenaars deel uitmaakten. Zij opereerden vooral in het subculturele milieu van kraakpanden en jongerencentra met performances waarin poëzie, kunst en popmuziek samengingen. Zij voelden zich verwant aan de golf van neo-expressionisme die de Europese schilderkunst sinds het eind van de jaren zeventig overspoelde, met als meest bekende vertegenwoordigers de Duitse 'Neue Wilden'.

Die geest van dynamiek en van het grote expressieve gebaar bezielde ook de dichters. Hun weerzin gold de poëzie die vanaf de tweede helft van de jaren zeventig dominant geworden was, rond literaire tijdschriften als *Raster* en *De revisor*, en die gekenmerkt werd door ingetogenheid, verstilling en een grote concentratie op de problematische relatie tussen werkelijkheid, afbeelding en taal. Het was een buitengewoon vakbekwame, intelligente en interessante poëzie, maar waaruit directe levensexpressie zo goed als verdwenen was. Een mooi voorbeeld daarvan, van een van de meest gecontesteerde dichters, is het korte gedicht 'Zoals water' van T. van Deel:

> Zoals water, waarin alles zachter
> zich weervindt, veilig in rimpels,
> diep gezonken in oppervlak – dat
> afwacht wat het uit moet beelden,
> vertakte raadsels van het land, van
> waar geen naam voor is de glans.[6]

[5] Goedegebuure 1987, 15-16.
[6] Van Deel 1986, 146.

Wat hier gebeurt, is heel vreemd en laat de omslachtige verfijndheid van deze poëzie goed zien. Er dient iets gezegd te worden, maar in plaats van dat te zeggen, neemt de dichter zijn toevlucht tot een beeld uit de werkelijkheid, dat als vergelijking fungeert: iets is zoals spiegelend water. Meer zelfs: dat spiegelende water blijkt een beeld voor dat andere weerspiegelende medium, de taal. Wat beide weerspiegelen, zijn de raadsels, dat waar geen naam voor is. Maar het blijft bij een 'reflectie' over het reflecteren. Dan is een gedicht als 'Coda' van K. Michel, opgenomen in *Maximaal*, heel wat anders:

> Dichter!
> Kam je haar, poets je schoenen!
> Trek je innerlijk aan!
> We gaan de wind een hand geven.
> We gaan de horizon begroeten.
>
> Zoveel te zien! Zoveel te doen!
> [...]
> Ja! Ja! We ontmoeten, we groeten iedereen.
> Douane, wolken, rondvaartbootjes.
> Lakens in de wind, meeuwen, lindebomen.
> Muziek, atleten, streekgerechten.
> Obers, lokale gebruiken, zebrapaden. Alles!
> [...]

Rond dezelfde tijd, in 1985, kwam ook een gezelschap vrouwelijke dichters naar buiten met een eigen polemische bloemlezing, *De nieuwe wilden in de poëzie*, samengesteld door Elly de Waard. Niet alleen die titel legt een band met de achtergrond waaruit ook de Maximalen afkomstig waren, de inleiding van Elly de Waard haalt uit naar dezelfde dominante dichtkunst, 'het systeem van de abstracte, autonome of hermetische poëzie'.[7] Daarvoor gebruikt zij meer dan eens ook dezelfde termen: verstening, nul, de leegte. En ook het alternatief dat zij en haar gezellinnen bieden omschrijft zij aanvankelijk vrijwel identiek: poëzie over en vanuit het menselijk bestaan, de volte, de werkelijkheid, het persoonlijke, het vitale. Het verschil is dat zij daarvoor alle heil verwacht van dichteressen, die nog niet geconditioneerd zijn door de bestaande, mannelijke cultuur:

[7] De Waard 1987, 11.

> De Nieuwe Wilden staan buiten de, lees: mannelijke, traditie en daardoor zijn ze ook niet gedoemd om zich te laten inlijven. Ze ontdekken de taal in haar wezenlijke aspecten van klank en ritmiek. Ze ontdekken de taal om aan de werkelijkheid van vrouwen stem te geven. Hun werk is vitaal, omdat ze bereid zijn elke centimeter ruimte die ze veroveren in kaart te brengen.[8]

Allemaal feest en strijd dus bij Maximalen en Nieuwe Wilden. Strijd tegen de verstening, tegen de eenzijdigheid, tegen de gezapigheid en de zelfgenoegzaamheid, de artistieke inteelt van een gevestigde literaire elite. Strijd om een feestelijker, vitaler poëzie. Zozeer feest en strijd dat beide groepen besloten om in september 1989 samen op te treden in Utrecht. Wat daar een feestelijke avond moest worden, liep nu letterlijk uit op een strijd, waarbij de deelnemers elkaar met etenswaren en microfoons te lijf gingen. Het 'landskampioenschap der muzen', zoals de avond was aangekondigd, eindigde onbeslist.

Performers

Het was niet de eerste keer dat dichters zich, in naam van het volle leven, afzetten tegen de bestaande literaire orde. Hoewel het performen op een podium niet tot de essentie behoorde van hun visie op poëzie, toch kan men stellen dat de Maximalen een trend verderzetten en nieuw leven inbliezen, die al in de jaren zestig was ontstaan. De wortels ervan zijn te vinden in de manifestatie 'Poëzie in Carré', die in 1966 in Amsterdam plaatsvond en in de happenings uit de tweede helft van de jaren zestig, waar onder meer Simon Vinkenoog en Johnny The Selfkicker (Johnny van Doorn) op een theatrale manier hun teksten brachten, schreeuwden en tierden (afb. 2). In de jaren zeventig groeide daaruit een hele groep van dichters-performers, met voorop Jules Deelder, die ook als een van de jongsten aan 'Poëzie in Carré' had deelgenomen. In zijn spoor volgden onder meer Bart Chabot, Diana Ozon en in Vlaanderen Tom Lanoye en Johan Joos. Zij traden met hun gedichten op in café's en jeugdclubs, vaak in combinatie met rockmuziek, maar ook in culturele centra en theaters. Die optredens en in sommige

[8] De Waard 1987, 13.

Afb. 2: Johnny The Selfkicker [= Johnny van Doorn] tijdens de happening 'Stoned in the streets', Amsterdam 1965.

gevallen ook grammofoonplaten, zijn even belangrijk, of zelfs belangrijker dan de geschreven neerslag ervan in dichtbundels. De optredens zelf zijn dan ook geen voorlezingen van geschreven teksten, maar 'acts', waarin van alle mogelijkheden van de stem gebruik gemaakt wordt en een theatrale aankleding essentieel is.

De teksten van deze dichters zijn in alle opzichten tegengesteld aan de dominante norm. Ze bieden een mix van entertainment, protest, humor en zelfexpressie. Hun referentiekader is niet de literatuur, maar de actualiteit, de popmuziek, reclame en tv. Zij zijn direct, gericht op herkenbaarheid bij een publiek van gelijkgestemde jongeren, vaak geschreven in een gesyncopeerd ritme dat aangepast is aan de spreek- en roepstem. Alle registers komen door elkaar voor, vaak in collagevorm, van plechtig archaïserend tot de taal van de straat en de reclame. Het lange gedicht 'De Dag Dat De Derde Wereldoorlog Ook Aan Ons Land Niet Onopgemerkt Voorbijging' uit de bundel *Popcorn* van Chabot begint zo:

> In de vroege ochtend, hedenmorgen, is ons vaderland aangevallen
> door den Teutoonschen overheerser
> onze neutraliteit is wreed verkracht
> in het struikgewas.[9]

[9] Chabot 1981, 26.

Verderop is er sprake van de eerste neutronenbom, die nederdaalt 'van de Hooge', valt de kreet 'GET UP AND BOOGIE!' en worden 'geestelijken & welgestelden' met rijnaken aangevoerd 'naar Zonnig Madeira, Land Van Liefde & Zon'. En het gedicht eindigt:

May I have the votes please of the Swiss jury?

Italy seven points
L'Italie sept points

Thank you Swiss jury for your votes

de wereld brandt
het spel is uit -

het wordt tijd
voor een gedigt[10]

De positie van deze poëzie was ongemakkelijk. Zij was een protest tegen de gangbare norm én tegen de traditionele organisatie van de literatuur als hoogstaande cultuuruiting, met haar fraai ogende bundels, verzorgde literaire tijdschriften en intellectuele debatten. Saai, doods en grotendeels onverstaanbaar vonden zij het, los van de wereld, vooral die van jongeren. 'In Nederland', aldus Bart Chabot in een interview met *Vrij Nederland*, 'is het voor mensen van dertig en daarboven nog steeds heel erg in de mode om op de plee te gaan zitten, een grote drol in een krant te deponeren en vervolgens die drol mee naar je bureau te nemen om eens op je gemak te gaan analyseren hoe het toch allemaal zo gekomen is. Dat je daar ons jongeren [...] geen plezier mee doet, vind ik geen verbazingwekkend feit.'[11]

Zij wensten dan ook geen deel uit te maken van die academische en literaire wereld van drollenkijkers, en werden er van de weeromstuit aanvankelijk ook uit geweerd. Maar aan de andere kant waren de aantrekkingskracht van literaire erkenning en het absorptievermogen van de officiele literatuur zeer groot. In de loop van de jaren tachtig raakte deze poëzie ingeburgerd als een aparte variant

[10] Chabot 1981, 28.
[11] F.A. 1982.

van een steeds verscheidener wordende literatuur. Het gevolg was natuurlijk dat het rebelse en anarchistische karakter ervan meer en meer opging in entertainment.

Deelder was de eerste die voluit als dichter geaccepteerd werd, en tegelijk als 'verschijnsel' onschadelijk gemaakt. Zijn verzamelbundel *Moderne gedichten* (1979) werd enkele malen herdrukt en betekende ook het begin van zijn literaire erkenning. Hij richtte een eigen BV op en toerde met zijn show 'Deelder spreekt' langs erkende culturele centra en theaters. Hetzelfde lot was later de Maximalen beschoren. Voor zover ze niet in de anonimiteit verdwenen, werden zij ingelijfd en weer 'normale' dichters. Maar intussen hadden zij wel hun functie vervuld: het systeem behoeden voor verstarring, niet enkel door alternatieve poëzie-opvattingen en praktijken voor te stellen, maar ook, en vooral door aan de grenzen van het systeem zelf, aan de in- en uitsluitingsmechanismen ervan te morrelen. Door vreemde elementen binnen te brengen: theater, actualiteit, muziek, beweging, stem en door andere circuits en verspreidingsmiddelen te zoeken.

Via de Vijftigers naar de Tachtigers

Dat openbreken van het gevestigde gebeurt keer op keer. Telkens wanneer de dominante poëzie neigt tot inkeer, tot verfijning, tot specialisatie, wanneer zij, om met Luuk Gruwez te spreken, meer de kern van de poëzie dan de kern van het leven raakt,[12] of wanneer zij is verworden tot een statusproduct voor de elite, staan er dichters op, die de gevestigde orde omkeren. Men zou kunnen zeggen: omdat zij het leven belangrijker vinden dan de poëzie. Maar juister is: omdat zij een poëzie die op een directe manier iets te zeggen heeft over het/hun leven verkiezen boven één die dat heeft verleerd. Zo kan de lijn doorgetrokken worden naar het verleden, naar de Vijftigers. In zijn 'Manifest' van de Nederlandse experimentele groep, waarin de latere Cobraschilders en de beginnende Vijftigers samengingen, schreef Constant Nieuwenhuys in 1949 over de nieuwe kunst en tegen de sjablonen van het academisme: 'Een schilderij is niet een bouwsel van kleuren en lijnen, maar een dier,

[12] Gruwez 1980, 70.

een nacht, een schreeuw, een mens, of dat alles samen.'[13] Anders gezegd: geen sudderlap, maar de kreet van een bezetene. En kort daarna echode Kouwenaar hem in zijn manifest 'Poëzie is realiteit':

> Zij willen de werkelijkheid en de waarheid zeggen, zij willen de wereld en het leven zeggen. [...] Zij leggen de poëzie geen andere normen aan dan die zij het leven zèlf aanleggen: werkelijk en waar te zijn.[14]

Het lijkt erop dat we dat in de toekomst nog gehoord hebben. En dat geldt ook voor de manier waarop de gevestigde poëzie van die tijd wordt voorgesteld. In zijn satirische gedicht 'mama gedicht' voert Kouwenaar het traditionele gedicht op als een sprekende pop:

> Ziehier een gedicht met kleine handen
> met benen en ogen en mamastem
> de ogen kunnen klepperend dichtslaan
> mama mama[15]

Die pop 'leeft' bij de gratie van een mechaniekje dat verouderd en versleten is, maar dat men gaandeweg voor de essentie van de poëzie is gaan houden. Op dezelfde manier vaart Lucebert in zijn 'Verdediging van de 50-ers' uit tegen de illusie dat poëzie 'een kopje thee met rozenbladen' zou zijn. [16] In naam van 'de ruimte van het volledig leven' bindt ook hij de feestelijke strijd aan met de kleinburgerlijke literatuur van een kleinburgerlijk land: 'straks zult gij stinkend in uw lauwe schoot verkrinkelen en dan – godverdomme – geen genade.' Het is 'een lyriek' die zij eensgezind willen afschaffen, die van het beheerste en bedaagde neo-classicisme (afb. 3).

En ook de reacties van het literaire establishment lopen nogal gelijk. Bertus Aafjes had bij de poëzie van Lucebert 'het gevoel dat de SS de poëzie is binnen gemarcheerd'. Het is volgens hem 'een totalitair stelsel van rauwe gevoelens en instincten', dat zich uit in 'dwangmatig Sieg Heil van woorden als: oe, a, oer, ei, urinoir.'[17] En als reactie op de Maximalen had Michaël Zeeman het over

[13] Nieuwenhuys 1948, 77.
[14] Kouwenaar 1949, 91.
[15] Kouwenaar 1982, 21.
[16] Lucebert 2002, 412-413.
[17] Aafjes 1953, 15.

Afb. 3: Constant, Kouwenaar, Lucebert, Schierbeek en Elburg op de Cobra-tentoonstelling in het Stedelijk Museum van Amsterdam, 1949.

'overspannen gebrul' en 'een teil met rotte vis'.[18] En, om het thema strijd verder te illustreren, kan ik daarbij vermelden dat Zeeman kort daarna vanwege de Maximalen ook letterlijk een teil met rotte vis over zijn nette pak heen kreeg.

We kunnen nog een stap dieper afdalen in de geschiedenis, tot bij de Tachtigers. In zijn inleiding bij de nagelaten gedichten *Mathilde. Een sonnettenkrans* van Jacques Perk vaart Willem Kloos uit tegen de sudderlappen van zijn tijd:

> Passie is hun onbekend en verbeelding wordt hun overvloedig toegereikt door het dagelijksch gebruik, of door herinneringen aan oudere literatuur [...]. Volken, wier voorstellingsvermogen zwak is en traag, wier sympathieën beperkt zijn, [...] zullen zich eenigen tijd met een letterkunde, als de hierboven geschetste, kunnen vergenoegen.[19]

Maar de échte poëzie, aldus Kloos, is geen 'zachtoogige maagd', 'doch eene vrouw, fier en geweldig, wier zengende adem niet van ons laat':

[18] Zeeman 1988.
[19] Kloos 1897, 10-12.

> Geen genegenheid is zij, maar een hartstocht, geen bemoediging maar een dronkenschap, niet een traan om 's levens ernst en een lach om zijn behaaglijkheid, maar een gloed en een verlangen, een gezicht en een verheffing, een wil en een daad, waarbuiten geen waarachtig heil voor den mensch te vinden is, en die alleen het leven levenswaard maakt.[20]

Er loopt een literair-historische lijn van Kloos over de Vijftigers, via de performers uit de jaren zeventig en tachtig naar de Maximalen. Het is, in culinaire termen, de lijn van de strijd van de braders tegen de sudderaars. Om Luceberts gedicht 'De verdediging van de 50-ers nog even te citeren:

> alleen weet, vredig nederland, ik en mijn kameraden,
> wij houden de muze als een paraplu in onze broeken
> en zoeken ons dekadentenlot in het record: te braden,
> volledig bruin te braden in de genaden van zwelgen en vervloeken[21]

Daarmee wil natuurlijk niet gezegd zijn dat het om louter varianten of reprises gaat, dat de geschiedenis zich herhaalt of dat er niets nieuws onder de zon is. Om maar iets te noemen: de tegenstanders van Kloos, de negentiende-eeuwse domineedichters, schreven een uitgesproken gemeenschapspoëzie met ethische strekking, waartegenover Kloos zijn allerindividueelste passie predikte, terwijl performers en Maximalen na het subjectivisme van de Vijftigers juist weer een verstaanbare gemeenschapskunst wilden, overigens niet zelden met een ethische dimensie. En zo zijn er meer en soms heel fundamentele verschillen. De cultus van de passie van Kloos gaat samen met een vergoddelijking van kunst en kunstenaar en een cultus van *l'art pour l'art*, terwijl de Maximalen zich nu juist afzetten tegen een poëzie die in hun ogen tezeer een ding, 'a thing of beauty', het ideaal van Kloos, geworden was. Het zou dan ook te simpel zijn om in deze historische lijn enkel de tegenstelling tussen poëzie en leven te zien. Dichter bij de waarheid is het om te spreken van telkens en in veranderde contexten weerkerende vormen van opstand tegen verstarring in retoriek, tegen maniërisme, tegen het verfijnde ambacht. Niet tegen de poëzie, maar tegen een poëzie die los is komen te staan van het 'het onmiddellijke leven' zoals de

[20] Kloos 1897, 15.
[21] Lucebert 2002, 413.

jonge Gorter het noemde,[22] 'het grote ogenblikkelijke leven' van de jonge Kouwenaar, 'een volte die staat te dringen', waar Elly de Waard het over had in haar inleiding bij *De Nieuwe Wilden in de Poëzie*.

Er is nog een ander verschil. De Tachtigers en de Vijftigers konden nog geloven in een algehele omwenteling van de literatuur of zelfs van de samenleving. Vooral in de prille beginfase van de opkomst van de Vijftigers was dat geloof, dat met de kunst en de poëzie ook de hele maatschappij omgevormd zou worden, dat er een algehele explosie van creativiteit zou losbarsten, heel sterk. Het is een geloof dat ook nog sterk speelde in de revolutionaire happenings van de late jaren zestig. Maar in de loop van de jaren zeventig en tachtig was daarvan geen sprake meer, ondanks alle élan en vitaliteit. Performers als Deelder, Chabot, Lanoye willen in de eerste jaren van hun optredens de literatuur niet langer omwentelen, zij keren er zich gewoon van af en zoeken een eigen, alternatief publiek. En, hoe flink de manifesten van de Maximalen ook klinken, er spreekt tegelijk een toon van relativisme uit. Het lijkt er soms op dat Lava zelf niet helemaal gelooft in het revolutionaire karakter van zijn visie, wanneer hij zijn aanval op de voorgangers '*part of the game*' noemt en terloops meldt dat hij en zijn generatiegenoten in 'het postmoderne overgangsklimaat' verlost zijn van de illusie iets nieuws en zuivers te brengen. Enerzijds spreekt uit zijn tekst een oprechte bekommernis om de poëzie nieuw leven in te blazen, maar anderzijds ook heimwee naar de tijd toen dat nog zonder ironische reserve kon.

Hiphop, rap, slams

Het gaat niet langer om revoluties, het gaat om vraag en aanbod, niet langer om of/of maar om en/en. Dat wordt helemaal duidelijk in de verdere ontwikkeling van deze lijn na de Maximalen. Tijdens de Utrechtse Nacht van de Poëzie van 1996 beklommen Serge van Duijnhoven en Olaf Zwetsloot onuitgenodigd het podium, met de kreet 'Waar zijn vanavond de jonge dichters? De gemiddelde leeftijd van de dichters die hier vanavond uitgenodigd zijn is 59

[22] Gorter 1977, 519.

Afb. 4: De geboorte van het dichterscollectief 'De Sprooksprekers' op de Utrechtse Nacht van de Poëzie, 1996. Van links naar rechts: Serge van Duijnhoven, Olaf Zwetsloot en presentator Piet Piryns.

jaar. Wij zijn tegen de gerontocratie.' (afb.4) Waarop ze hun gedichten begonnen voor te lezen. Het was de eerste publieke manifestatie in de tempel van de gevestigde poëzie van iets wat alweer enkele jaren aan het broeden was. Van Duijnhoven en Zwetsloot namen het op voor enkele jongeren, die alweer buiten het gevestigde circuit aan het experimenteren waren met combinaties tussen poëzie, performance en muziek. De eerste en belangrijkste concrete realisatie daarvan, kort na hun interventie in Utrecht, was *Eindhalte Fantoomstad*, een project dat uitmondde in een boekje met CD, uitgegeven door Djax Records. Het was een product van een groep, die zich 'De sprooksprekers' noemde en die bestond uit de dichters Van Duijnhoven en Zwetsloot, samen met onder meer Def P., oprichter en rapper van de toen meest bekende hiphopgroep in Nederland, Osdorp Posse, en daarnaast DJ The Prophet en DJ Dano, alias de gabberkoning.

De naam sprooksprekers was geopperd door Sander Pleij in een artikel over de jonge dichters in mei 1996 in *De groene Amster-*

dammer, waarin hij een parallel trok tussen de hedendaagse rappers en de rondtrekkende sprooksprekers uit de middeleeuwen. Tegelijk creëert hij een tegenstelling tussen de dichterselite van de rederijkers en de door hen gesmade dichters van de straat. Een tegenstelling die hij meteen doortrekt naar het heden: 'De parallel met de hedendaagse controverse tussen de geaccepteerde dichtkunst en de nederhoppers is snel gelegd. Een doods stofnest van elitedichters verheft zich boven een levenslustige troep lawaaimakers, die zich geheel buiten de officiele dichtkunst om manifesteert, en daar trouwens ook geen enkele boodschap aan heeft.'[23]

Tegenstander in de strijd was ook hier alweer het 'doodse stofnest' van de officiële dichtkunst, de sudderlappenpoëzie. Of, in de woorden van Def P., 'stoffige woordkunst voor bejaarde heren in driedelig pak': 'Poëzie is vaak van dat vage gelul. Zo van: de maan glinstert in het water bla bla bla rozegeur en maneschijn. Dat soort shit. Meestal komt het er toch op neer dat de schrijvers van die onzin geil zijn en willen neuken. Schrijf dat dan! Doe niet zo fucking moeilijk!'[24] En in een kleine polemiek met Gerrit Komrij over de jonge dichters, in *NRC Handelsblad*, stelde Van Duijnhoven dat de poëzie vervreemd is van een jong publiek, dat mijlenver afstaat 'van het sacrale wereldje van kathedervoordrachten, rituele festivals en dunne dure dichtbundels.' Alweer is de poëzie een bastion geworden, met poortwachters die bepalen wat binnen mag en wat buiten moeten blijven. De nieuwe, levende, jonge poëzie kan je veeleer aantreffen 'op muren, wc-deuren, op poppodia, in discotheken, reclamezuilen, op bumperstickers, videoschermen, cd-hoezen.'[25]

De werkelijkheid is gecompliceerder en dubbelzinniger dan die slogans doen vermoeden. Vooral de eigenlijke rappers hebben een grote weerstand tegen poëzie, juist omdat die door hen zozeer met een duf en elitair wereldje wordt geassocieerd. Maar anderzijds kan niet ontkend worden dat juist die literaire wereld, ondanks grote tegenstand, de hiphop aanhaalt en soms zelfs opvrijt. Aansluitend bij de internationale festivals van rappoëzie in 1997 en 1998 in Amsterdam, verscheen er telkens een bloemlezing, *Double Talk* en

[23] Pleij 1996.
[24] Roos z.j.
[25] Van Duijnhoven 1997.

Double Talk Too. Die laatste werd ingeleid door Gerrit Komrij, nauwelijks minder dan de incarnatie van het establishment. Hij gaat ijverig op zoek naar de poëtische kenmerken van rap, maar interessanter is zijn besluit: 'Rappers hebben de poëzie door mond-op-mondbeademing op het nippertje gered. De poëzie zal van binnenuit worden geëlectrificeerd en nooit meer dezelfde zijn.'[26] Komrij is niet de enige: gebiologeerd door het sukses van muziekgenres als hiphop en popmuziek in het algemeen, zoekt een hele generatie jonge dichters aansluiting bij en legitimatie via affiniteiten met die wereld. In 1999 stelde Ruben van Gogh de bloemlezing samen *Sprong naar de sterren. De laatste generatie dichters van de twintigste eeuw*. Daarmee wil hij, zo stelt hij in zijn inleiding, 'laten zien dat de moderne poëzie er een dimensie bij heeft gekregen, een dimensie die buiten de literaire wereld gezocht moet worden.'[27] 'Het is', zo meent hij, 'gebeurende', of beter nog 'morfende' poëzie, die haar referentiekader minder vindt in de literatuur, dan wel in computeranimaties, film, videoclips, hiphop en de straat. Dichters als Ruben van Gogh zelf, Ingmar Heytze, Menno Wigman, Hagar Peeters, Arjan Witte en de al vaak geciteerde Serge van Duijnhoven ziet hij als vertegenwoordigers daarvan. En het is stilaan ook een vertrouwd verschijnsel, zowel op het internet, in sites als die van de dichtersgroep 'epibreren', als op de talloze festivals, waar de integratie van kunsten centraal staat, zoals 'Crossing Border' in Den Haag, 'De wintertuin' in Nijmegen en Arnhem en sinds kort ook Antwerpen, of 'De Nachten' in Antwerpen. Strijd tegen de bestaande orde is daar nog nauwelijks bij, evenmin als schandaal en verontwaardiging. Het loopt er allemaal vreedzaam en feestelijk door elkaar. De revolutie, die er niet meer is, wordt nu gesubsidieerd door de overheid, gesponsord door Studio Brussel, Humo, De Standaard, Fnac en Virgin. En er zijn educatieve schoolprojecten aan verbonden. Steeds sneller slaat de inlijving door de gevestigde cultuur toe: rappers worden uitgenodigd in 'De laatste show' en op de catwalks van Milaan showt Dolce & Gabbana hiphoptruien (afb. 5). Dan is de revolutie ver weg.

[26] Komrij 1998, 15.
[27] Van Gogh 1999, 5.

Afb. 5: Dolce & Gabbana.

Strijd is er alleen nog in de hype van 'poetry slams', waar dichters en performers, geïnspireerd door wat er zich in het rapmilieu voordoet, met elkaar in competitie gaan op het podium. Maar ook dat is meer feest dan strijd.

Geraadpleegde literatuur

AAFJES 1953: B. Aafjes, *Drie essays over experimentele poëzie.* Z.pl. 1953.

CHABOT 1981: B. Chabot, *Popcorn.* Amsterdam 1981.

DE WAARD 1987: E. de Waard, 'Inleiding'. In: idem (red.), *De Nieuwe Wilden in de Poëzie.* Amsterdam 1987, 11-13.

F.A. 1982: F.A., 'Gedachten op dinsdagochtend. B. Chabot: nu en later'. In: *Vrij Nederland,* 9-10-1982.

GOEDEGEBUURE 1987: J. Goedegebuure, 'Jaaroverzicht van de Nederlandse literatuur'. In: A. Nuis (red.), *Een jaar boek. Overzicht van de Nederlandse en Vlaamse literatuur 1986-87.* Amsterdam en Antwerpen 1987, 7-27.

GORTER 1977: H. Gorter, *Verzamelde lyriek tot 1905.* Amsterdam 1977.

GRUWEZ 1980: L. Gruwez, 'De weg terug'. In: E. van Itterbeek (red.), *Dichters en dichtkunst uit Europa 1950-1980. Essays. Europees poëziefestival 1980.* Leuven 1980, 42-61.

KLOOS 1897: W. Kloos, 'Inleiding'. In: J. Perk, *Mathilde en andere gedichten.* Amsterdam 1897.

KOMRIJ 1998: G. Komrij, 'Rappers en dichters'. In: E. Beryl (red.), *Double Talk Too. Rapoëzie.* Amsterdam 1998, 9-15.

KOUWENAAR 1949: G. Kouwenaar, 'Poëzie is realiteit'. In: *Reflex*, 1949, nr. 2, 90-91.

— 1953: G. Kouwenaar, *Gedichten 1948-1978.* Amsterdam 1982.

LAVA 1988: A. Lava, 'L'aperitivo!'. In: idem (red.), *Maximaal. Werk van 11 Nederlandse en Vlaamse dichters.* Haarlem 1988, 11-14.

LUCEBERT 2002: Lucebert, *Verzamelde gedichten.* Amsterdam 2002.

NIEUWENHUYS 1948: C. Nieuwenhuys, 'Manifest'. In: *Reflex*, 1948, nr. 1, 73-78.

PLEIJ 1996: S. Pleij, 'Hele strakke gedichten'. In: *De groene Amsterdammer*, 22-5-1996.

ROOS z.j.: M. Roos, 'Frontman Osdorp Posse en poeet Lernert Engelberts zijn het roerend eens. Niks zo erg als een rappende dichter'. In: www.xs4all.nl/~osdorp/inter/inter52.htm.

VAN DEEL 1986: T. van Deel, *Gedichten 1969-1986.* Amsterdam 1986.

VAN DUIJNHOVEN 1997: S. van Duijnhoven, 'De poëzie wordt de keel dichtgeknepen'. In: *NRC Handelsblad*, 18-7-1997.

VAN GOGH 1999: R. van Gogh, 'Inleiding'. In: idem (red.), *Sprong naar de sterren. De laatste generatie dichters van de twintigste eeuw.* Utrecht 1999, 5-12.

ZEEMAN 1988: M. Zeeman, 'Een teil met rotte vis'. In: *Leeuwarder Courant*, 8-7-1988.

ZWAGERMAN 1987: J. Zwagerman, 'Het juk van het grote niets'. In: *de Volkskrant*, 6-11-1987.

Membra disiecta
Excessief geweld in de ridderroman
Seghelijn van Jherusalem

GEERT H.M. CLAASSENS*

Inleiding

Dat er in een middeleeuws ridderverhaal nogal eens een stevig robbertje gevochten wordt, zal niemand verbazen. Het hanteren van zwaard en lans wordt ook nu nog probleemloos geassocieerd met het statuut van de ridder. Dat imago is natuurlijk grotendeels bepaald door de bewaard gebleven literatuur waarin het ridderlijk bedrijf centraal staat en waarin wapengeweld beschreven wordt, hetzij in 'sportieve' termen – de geplogenheden van het toernooi –, hetzij in alle bloederige details – wanneer het gaat om gevechten op leven en dood, in oorlog of in de strijd tegen onrecht. Wie is er gebruuskeerd wanneer er in een middeleeuwse ridderroman schedels gespleten worden en ledematen van rompen gescheiden? Voorbeelden zijn er *à volonté* te geven en we kunnen het eventuele ongemak dat schilderingen van bruut fysiek geweld ons bezorgen, simpelweg onschadelijk maken door een beroep te doen op de ruwe zeden en gewoonten van het tijdperk, of te zeggen dat het enkel fictieve verhalen zijn. Daar komt nog bij dat de frequentie van de beschreven wreed- en gewelddadigheden in ridderromans erop lijkt te wijzen dat men er toentertijd gewoon aan was, als een geaccep-

* Geert H.M. Claassens doceert als hoogleraar Middelnederlandse letterkunde aan de afdeling Nederlandse literatuur en volkskunde van de K.U.Leuven. Ik dank Katty De Bundel en An Faems heel hartelijk voor hun kritische lezing van deze tekst en hun scherpzinnige kanttekeningen erbij. Ik bedank in het bijzonder Kate Rudy, die mijn aandacht vestigde op het Bernardijnse gebed en mij van waardevolle bibliografische referenties voorzag, en Janet van der Meulen, die mij attendeerde op de executie van Hugh Despenser in 1326. Het spreekt voor zich dat de verantwoordelijkheid voor het geschrevene hiermee niet bij hen komt te liggen.

teerd kenmerk van ridderschap (al wil dat niet meteen zeggen dat er geen stemmen opgingen om dit geweld aan banden te leggen[1]). De ridder is immers bij uitstek de vertegenwoordiger van de stand der *bellatores*, de strijders, en daarmee heeft het geweld een veilige *Sitz im Leben*, zowel in de literatuur als daarbuiten.

Het is echter nog maar de vraag of we met deze geruststelling echt geholpen zijn. Het beschreven geweld mag dan wel zijn scherpe kantjes verliezen in onze perceptie, maar daar kon wel eens een belangrijk verlies aan inzicht mee gepaard gaan. Dat beschrijvingen van geweld een betekenis en een functionaliteit kunnen hebben die ver uitstijgt boven de gangbare topos van de ridderepiek, meen ik te kunnen aantonen op basis van een passage uit de iets minder bekende ridderroman *Seghelijn van Jherusalem*, die ik eerst kort zal introduceren alvorens de betreffende passage onder de loep te nemen en te interpreteren.

De Middelnederlandse *Seghelijn van Jherusalem* staat te boek als een veertiende-eeuwse ridderroman, naar alle waarschijnlijkheid door een Vlaming geschreven. Aan deze dichter wordt wel eens de naam Loy Latewaert gegeven, een naamgeving die verre van zeker is en dus hierna enkel kortheidshalve en onder voorbehoud gebruikt wordt. De tekst is overgeleverd in één vroeg-vijftiende-eeuws handschrift dat nagenoeg volledig is, maar waarschijnlijk werd afgeschreven door een kopiist met een beperkte kennis van het Middelnederlands.[2] We kennen verder nog een excerpt in een vijftiendeeeuws verzamelhandschrift[3] – ik herinner er graag aan dat excerpten

[1] In de *Treuga Dei*-beweging (in de 11de eeuw) zien we een poging van de Kerk om het ridderlijk geweld te beteugelen en te kanaliseren: non-combattanten dienen ontzien te worden en het geweld dient zich vooral te richten tegen nietchristelijke tegenstanders. De *Treuga Dei* behoort dan ook tot de aanloop van de kruistochten. Zie hierover Erdmann 1935, 1-29.

[2] Het afschrift bevat nogal wat vreemde kopiistenfouten en zelfs versregels die als volstrekt onbegrijpelijk betiteld moeten worden. Enkel de aanname dat de kopiist het Middelnederlands niet geheel machtig was, maar min of meer mechanisch een legger kopieerde, lijkt als verklaring voor deze verschijnselen in aanmerking te komen.

[3] Over het excerpt zie Braekman 1969 en Claassens 1998. Mogelijk zijn er nog twee excerpten aanwijsbaar, maar het valt niet uit te sluiten dat de betreffende tekstdelen (twee gebeden) jongere representanten zijn van materiaal dat door de dichter van de *Seghelijn van Jherusalem* in zijn werk werd geïncorporeerd. Zie hierover Oosterman 1995, I, 52 (inc. noot 22) en Claassens 1998, 26, noot 1.

als een goede indicatie voor de populariteit van een werk beschouwd mogen worden[4] –, een incunabel en vijf jongere drukken.[5] De roman wordt terecht beschouwd als een oorspronkelijk Middelnederlands werk, in die zin dat het geen vertaling is van een bestaande tekst uit een andere taal, bijvoorbeeld het Oudfrans. Dit neemt evenwel niet weg dat het lezen ervan nogal eens een *déjà lu*-ervaring oproept: het is evident dat de dichter gebruik maakte van een breed scala aan bronnen, van heiligenlevens tot ridderromans, om zijn verhaal mee op te bouwen en te stofferen.[6] De *Seghelijn van Jherusalem* is met zijn bijna 12.000 verzen qua lengte vergelijkbaar met bijvoorbeeld de veel bekendere *Roman van Walewein*.[7]

Seghelijn van Jherusalem, de held die zijn naam aan de tekst heeft gegeven, wordt in Jeruzalem geboren als zoon van de heidense koning Prides en diens crypto-christelijke echtgenote Braffeleur. Zijn geboorte wordt door een astroloog in de sterren gelezen en geduid als een bedreiging voor Prides en diens geloofsgemeenschap. Braffeleur weet met een list de door haar man geplande moord op haar kind te voorkomen. Ze baart Seghelijn in een woud, bijgestaan door drie profetessen die Seghelijn bijzondere doopgeschenken geven: hij zal onoverwinnelijk zijn in het gevecht, niemand die hem in de ogen kijkt zal hem iets kunnen weigeren en

4 Zie hierover Smalley 1964, 177.

5 Voor een beschrijving van de overlevering van de *Seghelijn van Jherusalem* zie Van de Wijer 1984.

6 Over de tot nu toe geïdentificeerde bronnen achter de *Seghelijn van Jherusalem* zie Janssens 1978; Janssens 1988, 112-143; Claassens 1998 en De Bundel 2002. Het ligt in de lijn der verwachtingen dat met het voortschrijden van het onderzoek nog meer bronnen aan het licht zullen komen. Over de wijze waarop de roman zich positioneert tussen historiografie en literatuur zie Claassens 2000.

7 De opgave van de lengte in verzen uitgedrukt is gebaseerd op de editie van Verdam (1978), maar het is evident dat deze editie, waarin nogal vrij met het bewaarde bronnenmateriaal wordt omgesprongen, niet de werkelijke gestalte van de tekst representeert. In deze bijdrage baseer ik me op de tekst zoals die is opgenomen in het bijna volledige handschrift (Berlin, Staatsbibliothek Preussischer Kulturbesitz, Ms. Germ. Fol. 922, f. 71-122) en de oudste gedrukte versie (Gent, Universiteitsbibliotheek, Res. 1405). Deze bronnen zijn diplomatisch afgedrukt in de Leuvense dissertatie van Ingrid Van de Wijer (1983), die ongepubliceerd is gebleven. Een nieuwe editie is in voorbereiding, maar in afwachting daarvan zal het betoog hier mede onderbouwd worden met verwijzingen naar de genoemde editie van Verdam.

hij zal in heiligheid zijn leven eindigen. Alleen aan het tweede geschenk is een voorwaarde verbonden: als Seghelijn liegt, zal deze gave gedurende korte tijd van hem wijken.

De pasgeborene wordt ondergebracht bij een arm vissersechtpaar waar hij opgroeit. Maar als hulpje van zijn pleegvader komt hij ook aan het hof van zijn echte ouders. Als hij daar weer eens vis moet bezorgen, raakt hij slaags met het keukenpersoneel. Dat brengt hem voor de koning die hem in de ogen ziet en vrijspreekt. Hij wordt vervolgens aan het hof opgenomen en krijgt een gedegen ridderopleiding. Zijn vader weet niet wie hij werkelijk is, maar zijn moeder heeft hem inmiddels herkend aan een ring die Seghelijn als herkenningsteken had meegekregen. Op het moment dat hij de riddereed af moet leggen, komt de religieuze tegenstelling tussen Prides en Seghelijn aan het licht: Seghelijn wil zijn riddereed enkel opdragen aan Christus, wat tegen het zere been is van Prides en de zijnen. De viering van Seghelijns ridderwijding met een toernooi wordt door zijn tegenstanders aangegrepen om een moordaanslag te organiseren. Seghelijn overleeft het toernooi met Gods hulp en een engel schenkt hem inzicht in zijn situatie. Op dat moment trekt hij weg van het hof – hij zou volgens de engel immers zijn ouders doden bij een weerzien – en begint aan een dooltocht vol avonturen.

Vergezeld door een bijzonder paard, Glorifier, trekt hij door een woud alwaar hij vijftien Saraceense rovers doodt. Verderop ontmoet hij een dwerg, die een broer van Braffeleur blijkt te zijn. In een scène met een hoog graalqueeste-gehalte wordt Seghelijn gewezen op zijn taak: het vernietigen van de tegenstanders van het christelijk geloof. De eerste tegenstanders zijn twee reuzen, Clinckaert en Clinker, die – het verbaast ons niet – broers van zijn vader blijken te zijn. Op de reuzen verovert hij enkele passierelieken, de kruisnagels en de doornenkroon.

Zijn volgende avontuur vindt plaats in Oliferne, waar hij de belegerde koning Olifiere ontzet. Als beloning voor zijn hulp krijgt Seghelijn toegang tot diens harem. In een week tijd verwekt hij bij zeven jonkvrouwen zeven zonen, de latere 'zeven vroeden van binnen Rome'.[8] Omdat de jonkvrouwen niet gedoopt zijn, verspeelt

[8] Met dit motief wordt de *Seghelijn van Jherusalem* verbonden met het oudere *Vanden VII vroeden van binnen Rome*, een klassiek geval van '[l]es fils ont engendré les pères' (Frappier 1955, I, 63), geheel in lijn met de middeleeuwse tendens om cycli te vormen door voorgeschiedenissen aan succesvolle verhalen toe te voegen.

Seghelijn de welwillendheid van God, die toestaat dat hij door verraad in een Saraceense kerker in Babylon belandt, waar hij vijftien jaar boete doet voor zijn misstap. Na voltooiing van de boetedoening wordt hij opnieuw in Gods genade aangenomen en na het uitmoorden van zijn tegenstanders zet hij zijn dooltocht voort, die hem bij de reus Bonacroy brengt. Op deze verovert hij ook een passiereliek, de lans van Longinus. De volgende halte is opnieuw Oliferne, waar hij zijn zonen en hun moeders redt uit een belegering. Hij verlaat de stad en raakt betrokken bij het ontzet van Rome. Voor zijn succesvolle inzet wordt hij door keizer Constantijn beloond met de hand van diens dochter Florette. Op de bruiloft verschijnen ook de zeven zonen en hun moeders en een lichtzinnige uitspraak hierover komt Seghelijn op een bestraffing in een gevecht te staan. Zijn schoonmoeder, Helena, vraagt hem dan haar te vergezellen op een zoektocht naar het Heilige Kruis. Florette blijft met de zeven moeders achter, onder de hoede van Gaures, die een verrader blijkt te zijn.

Terwijl Seghelijn, Helena en de zeven zonen in het Heilige Land een harde strijd moeten leveren alvorens het Heilige Kruis te vinden, beleeft Florette haar eigen avonturen. Aan het begin daarvan staat een gruwelijke daad: Gaures vermoordt de zeven moeders en wil zich vergrijpen aan Florette. Die wordt op het nippertje gered door hertog Gautier. Aan diens hof komt zij op verhaal om meteen opnieuw in moeilijkheden te raken doordat een kwalijk sujet, Fortier genaamd, zijn begerig oog op haar heeft laten vallen. Valselijk beschuldigd van de moord op Gautiers broer Antidotes brengt zij het er enkel levend vanaf doordat ze zwanger blijkt te zijn (van Seghelijn welteverstaan). Verbannen van het hertogelijk hof, valt ze door haar eigen goedheid in handen van de schurken Rohaert en Erkenbaert, die haar als slavin verkopen aan de Schotse kapitein Maronier. Als deze zich, eenmaal op zee, aan haar wil vergrijpen, breekt het schip doormidden en Florette drijft op een plank weg.

Midden op zee wordt ze gevonden door Seghelijn en de zijnen, die na afronding van hun zaken in het Heilige Land op de terugweg naar Rome zijn. Herenigd zet het gezelschap de reis voort naar de Eeuwige Stad alwaar alle veroverde passierelieken in de Sint-Pieterskerk ondergebracht worden. De kerk trekt steeds meer pelgrims die er genezing komen zoeken. Zo ook allen die Florette belaagd hebben, gestraft als ze zijn met melaatsheid. Maar genezing vooronderstelt een biecht van alle zonden en zo vallen de verraders in handen van de zeven zonen, die optreden als *penitentiari* [boetepriesters], ter vervanging van de zieke paus. De schurken krijgen genezing, gevolgd door straf: Rohaert, Erkenbaert en Maronier worden opgehangen, Fortier wordt met zijn voeten in kokend vet gezet, gevild en daarna op het rad geplaatst, maar de ergste straf is voor Gaures weggelegd. Hij wordt zeven dagen lang door de zeven zonen onder handen genomen alvorens de dood te vinden.

Dan rest nog de afronding van het verhaal. Ook Prides en Braffeleur horen van de wonderbaarlijke genezingen in Rome en besluiten erheen te trekken. Daar worden ze opgevangen door Florette, die van Braffeleur te horen krijgt dat zij de ouders van Seghelijn zijn en hen haar eigen bed aanbiedt. Een omhelzing van haar schoonvader wordt gezien door de verrader Gordes die een en ander overbrieft aan Seghelijn. Deze stormt de echtelijke slaapkamer binnen in de waan daar Florette en haar minnaar in bed aan te treffen. In een vlaag van woede doodt hij de slapenden, waarna een engel verschijnt die hem vertelt dat Gods gebod vervuld is: het weerzien met zijn ouders is hun dood geworden. Florette sterft ter plekke van verdriet en Seghelijn trekt zich als kluizenaar in een boom terug. Na vijftien jaar wordt hij daaruit gehaald omdat de regerende paus Celestinus hem als zijn opvolger heeft aangewezen. Onder de naam Benedictus I eindigt Seghelijn zijn levensdagen zodanig dat hij in een geur van heiligheid sterft.

Het is onmogelijk in dit korte bestek een samenvatting te geven die recht zou doen aan zo'n lange en complexe tekst. Deze samenvatting, waarin noodzakelijkerwijs vele belangrijke details achterwege zijn gebleven, wil evenwel vooral een adequate contextualisering van de hierna te bespreken passages mogelijk maken.

Een feest van pijn

Wie de *Seghelijn van Jherusalem* kent, weet dat er heel wat bloed moet vloeien eer het verhaal afgerond kan worden met de 'heiligverklaring' van Seghelijn, de held waaraan het verhaal zijn benaming te danken heeft. Het keukenpersoneel van koning Prides van Jeruzalem wordt bloedig mishandeld met een vismand, rovers in het woud worden tot de laatste man gedood, de reuzen Clinckaert en Clincker verliezen eerst verscheidene ledematen en dan hun leven, de schurken die Florette – Seghelijns echtgenote – op haar omzwervingen tegenkomt, krijgen allen een passende en pijnlijke straf. Maar het hoogtepunt van gruwelijkheid is ongetwijfeld de bestraffing van de verrader Gaures, die pas na een zevendaags 'feest van pijn' de dood vindt. De dichter gaat zich in een ruim 150 verzen tellende passage te buiten aan een plastische, gedetailleerde beschrijving van Gaures' marteldood, die ik omwille van het belang voor mijn betoog toch nader onder de loep moet nemen.[9]

Als Seghelijn de verrader overgeeft in handen van zijn zeven zonen, dan stelt de oudste voor dat ze elk een deel van Gaures' lichaam uitkiezen:

> Dat sal elc op enen dach
> Tormenteren so hi best mach
> Ende houden levende sonder saghe
> In groter pine seven daghe.
> (vss. 11614-11618)

Zo zullen ze hem als straf voor de dood van hun zeven moeders zeven doden laten sterven. De eerste begint met het bewerken van de rechterhand en -arm: eerst villen en daarna met zout inwrijven, vervolgens op verschillende plaatsen insnijden en dan weer inwrijven, maar ditmaal met een mengsel van zout en kopervijlsel. De tweede peinst een nacht lang hoe hij dit kan 'verbeteren' op de linkerarm en -hand. Ook hij begint met villen, maar laat daarna de hand en arm in ziedende olie steken, om vervolgens eveneens zijn toevlucht te nemen tot zout en kopervijlsel. De derde laat alle tenen van de rechtervoet één voor één afhakken, om daarna het rechterbeen op tien plaatsen te laten doorkappen. De vierde vilt het linkerbeen en bewerkt het met kokende zwavel en vloeibaar lood. Als Gaures om een genadige dood smeekt, slaat hij hem alle tenen af en kapt het been in vier stukken. En, zoals elke dag, wordt Gaures ook nu 'genezen' met de balsem waarmee het lichaam van Christus na diens kruisdood werd gezalfd. Uiteraard herstelt Gaures op deze wijze niet volkomen: het voorkomt enkel dat hij sterft. Op de vijfde dag stort de volgende zoon zich op

[9] De betreffende passage beslaat de verzen 11604-11767 in Verdam 1978, 158-160.

Gaures' rechterdij, die hij tot op het bot kaal hakt, met kokend lood en zwavel bewerkt tot in het merg en dan in vier stukken zaagt. Gaures geneest opnieuw door de balsem. De zesde zoon bewerkt de volgende dag de linkerdij met drie gloeiende ijzers 'Daer hi tvleesch hem mede afbroeit / Tes hi sach dat been al wit' (vss. 11724-11725), om daarna de stomp in een pot met gesmolten lood te steken en het beenmerg met een gloeiend ijzer te doorboren. Als Gaures om genade gilt, voegt hij hem toe dat hij dat eerder had moeten bedenken. Op de zevende dag komt de jongste aan de beurt, die Gaures – of beter gezegd: wat er nog van hem rest – aan zijn haren ophangt en vervolgens zijn darmen met een windas uit zijn buikholte trekt. Daarna volgt een behandeling op een rekbank. En als de tekst daar zegt dat hij 'langhedem tlijf' (vs. 11748) dan moet 'lijf' als 'lichaam' begrepen worden en niet als 'leven'. Gaures wordt dan gevild en met honing besmeerd. Daarna schroeit de zevende zoon Gaures' ogen uit en plaatst hem op een rad buiten de stad, waar hij door de vliegen en bijen opgegeten wordt. Aan het einde van deze meer dan 150 verzen tellende passage verzucht de verteller:

> Dit was ene die felste wrake,
> Daer ic noit af hoerde sprake
> In ghenen boeke, die ic las.
> (vss. 11765-11767)

Deze afsluiting klinkt bijna als een verontschuldiging, alsof de scène door de dichter welhaast *à contrecoeur* in het verhaal werd opgenomen. De drie regels laten zich eerst en vooral lezen als een variant op de *Unsagbarkeitstopos*, waarmee het superlatieve karakter van de beschrijving onderstreept wordt en tegelijkertijd ook geanticipeerd wordt op een mogelijke reactie van afgrijzen van de kant van het publiek. Hiermee wordt de aanwezigheid van de scène eerder benadrukt dan afgezwakt. Het schijnt mij overigens toe dat de scène ook niet onschadelijk gemaakt kan worden door een beroep te doen op de tendens in de veertiende-eeuwse ridderepiek om de daden van helden en schurken in superlatieven weer te geven, alsof dit een min of meer onschuldig literair procédé zou zijn. [10]

[10] Zie hierover Janssens 2002, 46-47, die daarbij ook op de martelscène in de *Seghelijn van Jherusalem* wijst. Mijn opvattingen laten overigens onverlet dat de door Janssens opgemerkte tendens inderdaad vast te stellen valt en nader onderzoek verdient.

Aannemende dat het hier niet gaat om een geval van gratuit en zinloos geweld dat enkel appelleert aan sensatiezucht of met schokeffecten ongebreidelde emoties wil opwekken, zien we ons geconfronteerd met enkele vragen. Waar haalde de dichter zijn inspiratie vandaan? Waarom is de passage zodanig ingekleed, zo expliciet en gedetailleerd? En, uiteraard, wat is de functie ervan? Wat wil hiermee uitgedrukt worden? Wat wil de dichter ermee bereiken?

Ongekende wreedheid

Aan het einde van de martelscène legt Loy Latewaert de verteller de opmerking in de mond dat deze nog nooit over zo'n vreselijke bestraffing heeft gelezen, in geen enkel boek. En wat de verteller betreft mogen we deze opmerking voor waar aannemen: de verteller weet immers niets meer dan de dichter hem laat weten.[11] Maar of we in dit opzicht auteur en verteller zonder meer mogen laten samenvallen, valt nog te bezien: de kans dat Latewaert wel over zulke gruwelijkheden heeft gelezen, is namelijk erg groot. Maar laat me beginnen met te stellen dat er – althans voor zover ik kan overzien – geen directe bron is waar Latewaert de scène in min of meer ongewijzigde vorm aan ontleend zou kunnen hebben.[12] Aan deze vaststelling mogen we echter niet de conclusie verbinden dat hij alle details in zijn eigen verbeelding heeft gevonden. Een zoektocht naar zijn inspiratiebronnen moet mijns inziens gericht worden op de middeleeuwse literatuur en niet zozeer op de contemporaine werkelijkheid: de gruwelijke lijfstraffen die we veelal aan de middeleeuwse rechtspraktijk toedenken, werden enkel bij zeer hoge uitzondering ook daadwerkelijk toegepast, en wat (afb. 1)

[11] Over de verhouding tussen auteur en verteller zie Faems 2002, vooral 5-60. Specifiek over de rol van de vertellerscommentaren in de *Seghelijn van Jherusalem* handelt Faems 2001.

[12] Nota bene: als verhaalonderdeel is de bestraffing van de schurken ontleend aan de bron waaraan Latewaert de gehele verhaallijn rond het personage van Florette heeft ontleend, te weten het Oudfranse chanson de geste *Florence de Rome* (ca. 1200-1250). Maar de invulling van de bestraffingsepisode is zodanig uitgebreid en geïntensiveerd, dat bij de interpretatie ervan uitgegaan moet worden van een significante intentie van de zijde van de dichter (zie hierover De Bundel 2000, 175-189).

Afb. 1: Miniatuur uit de *Bilderchronik* van Keizer Hendrik VII en Keurvorst Boudewijn van Luxemburg (1308-1313). Overgenomen uit Schild 1997, 71.

toont mag dus zeker niet beschouwd worden als een dagelijkse realiteit.[13]

Nee, Latewaert heeft voor zijn inspiratie niet op de markt staan kijken, maar in boeken gelezen en in kerk en klooster om zich heen gekeken. In de beeldende kunst van de Middeleeuwen zijn voorstellingen van extreem geweld in ruime mate voorhanden, vooral in de uitbeeldingen van het lijden van Christus en de martelaren. Een goed voorbeeld (uit duizenden!) biedt (afb. 2). Deze diptiek toont de marteldood der apostelen, in de eerste helft van de vijftiende eeuw geschilderd door Stefan Lochner, en ze biedt een indrukwekkende 'staalkaart' van hoe men zich de doop door het bloed voorstelde. Maar ook in geschriften zou Latewaert voldoende van zijn gading hebben kunnen vinden. Als voorbeeld in deze categorie noem ik de beroemde *Legenda aurea* van Jacobus de Voragine – en het is zeker dat Latewaert met deze tekst bekend was[14] –, een zeer omvangrijke verzameling van voornamelijk heiligenlevens die probleemloos als een vooraanstaand leverancier van martelverhalen betiteld kan worden.[15]

Een eerste *vita* die voor Latewaert wel eens van belang zou kunnen zijn geweest, is die van Sint Jacobus Intercisus, die zijn karakteristiek *megalomartyr* niet voor niets heeft gekregen.[16] Van hem

[13] Berents (1991) beweert dat doorgedreven martelpraktijken die een uiterst pijnlijke dood tot doel hadden, slechts bij hoge uitzondering deel uitmaakten van de (laat-)middeleeuwse bestraffingspraktijk. Merback (1999, 126-157) bevestigt de onzekerheid over de frequentie ervan, maar laat wel zien dat vanaf de vijftiende eeuw gruwelijke bestraffingen vaker als publiek spektakel voorkwamen. Een geruchtmakend en tamelijk vroeg voorbeeld hiervan is het gruwelijke einde van de minnaar van Edward II van Engeland, Hugh Despenser, die in 1326 in Hereford publiekelijk terechtgesteld werd. Deze uitermate wrede executie – Despenser werden de genitaliën afgesneden, werd het hart uitgerukt, hij werd gehangen, onthoofd en gevierendeeld – heeft overigens ook zijn neerslag gevonden in de laatmiddeleeuwse literatuur, in de meest theatrale vorm in de *Chronique* van Froissart (zie Sponsler 2001). Dit laat onverlet dat het gebruik van martelingen in de rechtsgang – met de bedoeling een bekentenis af te dwingen – frequenter voorkwamen, maar het beoogde doel is dan uiteraard niet het slachtoffer te doden en/of er een openbare vertoning van te maken.

[14] Zie Claassens 1998, 45-47.

[15] Zie hierover Goodich 1995, 48-49, en 169-170, noot 39.

[16] Bij ontstentenis van een vertaling in modern Nederlands verwijs ik hier, met het oog op bereikbaarheid en toegankelijkheid, naar de Engelse vertaling in Granger Ryan 1993, II, 343-347.

Afb. 2a: Stefan Lochner (ca. 1400-1451), Diptiek met marteldood der apostelen. Overgenomen uit Zehnder 1993, 226-227.

Afb. 2b

wordt verteld dat hem één voor één de vingers, tenen, handen, voeten, armen en benen werden afgesneden, terwijl hij zijn kwelgeesten bleef bestoken met uitingen van zijn onwankelbaar geloof. Pas nadat zijn hoofd werd afgeslagen, trad de dood in, en daarmee het zwijgen.

In de *vita* van Paulus de Heremiet wordt beschreven dat deze vluchtte in het kluizenaarschap nadat hij vernomen had hoe een jonge christen om het leven was gebracht door hem met honing in te smeren en aan de vraatzucht van insecten bloot te stellen.[17]

De *vita* van Sint Sebastianus verhaalt ook nog van een andere heilige, Sint Tyburtius, namelijk dat deze gedwongen werd te kiezen: offeren aan de heidense afgoden of blootsvoets over gloeiende kolen lopen. Het spreekt voor zich dat de martelaar voor het laatste koos en uiteindelijk enkel door middel van onthoofding het zwijgen opgelegd kon worden.[18]

De martelgang van Sint Vincentius is eveneens te lezen als een hallucinante catalogus van kwellingen: het afsnijden van zijn ledematen kan hem niet doen zwijgen, waarop hem met ijzers de borstkas geopend wordt. En omdat ook dat nog niet genoeg is, volgt er een behandeling op een rooster waaronder een vuur opgestookt wordt, in combinatie met zout dat de pijn moet verergeren.[19]

Deze *revue* laat zich nog wel even voortzetten met heiligen als Ignatius, Blasius, de maagd Agatha, Longinus, Sophia en haar drie dochters, Patricius, enzovoorts. En ongetwijfeld treffen we dan nog meer voorbeelden aan van martelpraktijken die lijken op hetgeen de verrader Gaures moet ondergaan. Ik wil echter afsluiten met nog één voorbeeld, juist omdat het zulke duidelijke overeenkomsten met de martelscène in de *Seghelijn van Jherusalem* vertoont. De heilige Erasmus was martelaar onder Diocletianus. Hem werden priemen onder de vingernagels gestoken, hij werd gekleed in een gloeiend harnas, overgoten met kokende olie en lood en zijn darmen werden met een windas uit zijn buikholte getrokken. Het laatstgenoemde onderdeel van zijn martyrium is verreweg het vaakst afgebeeld, zoals bijvoorbeeld op een miniatuur in een

[17] Granger Ryan 1993, I, 84-85.
[18] Idem, 97-101.
[19] Idem, 105-108.

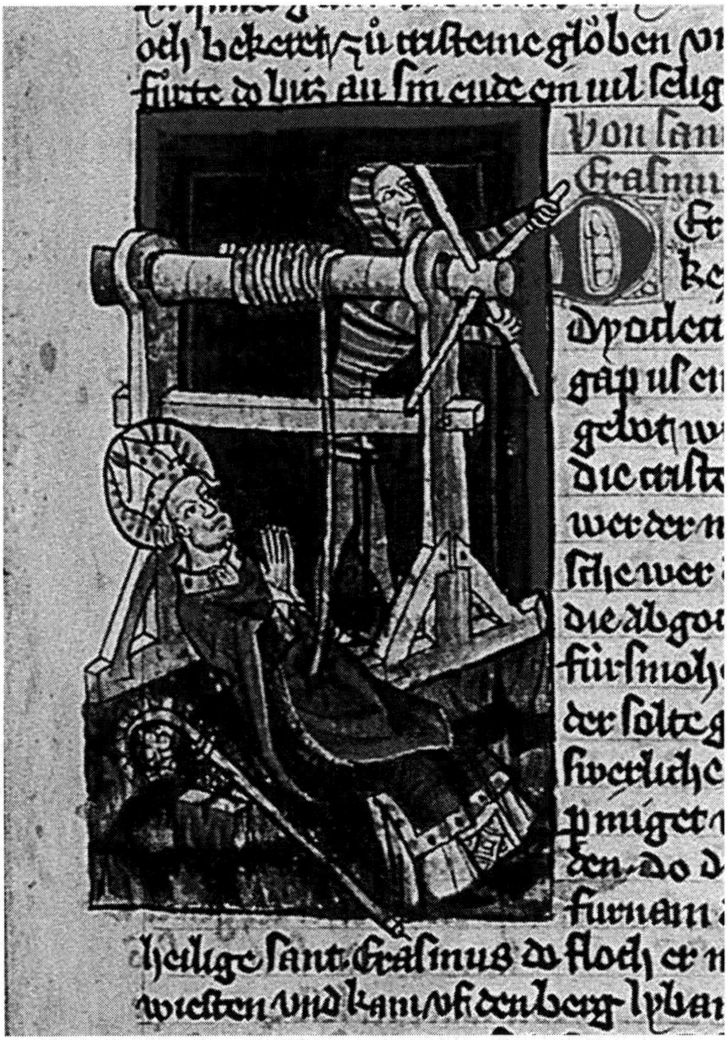

Afb. 3: Marteling van H. Erasmus. München, Bayerische Statsbibliothek, Cod. germ. 6, fol. 99. Overgenomen uit Smeyers 1998, 128.

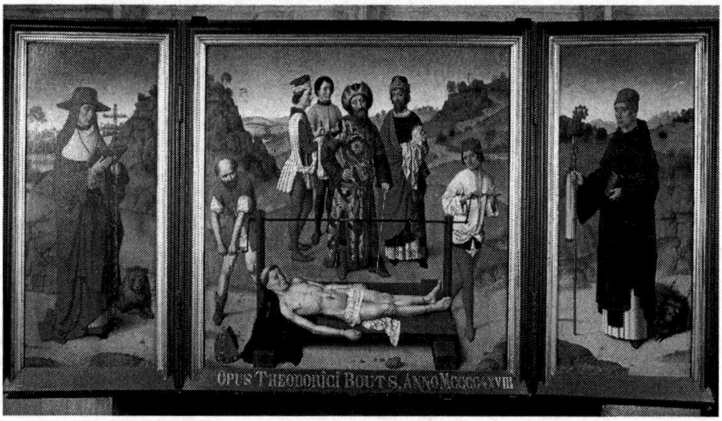

Afb. 4: Dirk Bouts (ca. 1410-1475). Marteling van H. Erasmus, detail (Leuven, St. Pieterskerk). Overgenomen uit M. Smeyers (red.), *Dirk Bouts (ca. 1410-1475), een Vlaams primitief te Leuven.* Leuven 1998, 346.

Elzasser handschrift van de *Legenda aurea* uit 1362 (afb. 3).[20] Maar het is zeker ook bekend door het grote schilderij van Dirk Bouts uit 1458, dat bezichtigd kan worden in de Sint-Pieterskerk te Leuven (afb. 4).

De overeenkomsten met deze martelaarsverhalen mogen dan wel heel sterk zijn, het zal echter niet Latewaerts bedoeling zijn geweest om Gaures als een martelaar te portretteren – hij sterft immers niet als getuige voor het geloof –, maar eerder als een antimartelaar. De dichter lijkt hier de tamelijk courante techniek van de betekenisvolle omkering te hebben toegepast (waarover verderop nog meer). Wat nu in ieder geval al duidelijk moge wezen, is dat de verteller weliswaar niet liegt als hij zegt dat hij nog nooit over zo'n verschrikkelijke straf heeft gelezen, maar dat in dit opzicht verteller en auteur zeker niet te identificeren zijn: zo 'ongekend' is de beschreven wreedheid zeker niet.

De kans dat Latewaert voor de inkleding van deze scène te rade is gegaan bij de hagiografie lijkt mij meer dan levensgroot. Maar

[20] De legende van Sint Erasmus werd overigens niet door Jacobus de Voragine zelf in zijn versie van de *Legenda aurea* opgenomen; het is een latere toevoeging op het standaardcorpus die evenwel grote verspreiding vond.

waarom heeft hij de scène zo gedetailleerd opgezet? Hij had toch ook in een paar regels kunnen zeggen dat Gaures een gruwelijk einde vond, passend voor iemand die zich zo verraderlijk had gedragen? Waarom koos Latewaert ervoor om Gaures zeven doden te laten sterven, gedurende zeven lange dagen?

Zeven broers sterven en zeven zonen doden

Voor een antwoord op deze vragen moeten we naar verschillende aspecten van de tekst gaan kijken, aspecten die te maken hebben met de interne logica van het verhaal, met de verbinding tussen inhoud en betekenis, maar ook met de literair-historische achtergronden ervan.

Om met het eerste te beginnen. Eén van de redenen waarom Gaures zeven doden moet sterven, is natuurlijk omdat er zeven zonen zijn, wier moeders allemaal door Gaures vermoord zijn. Heel erg bevredigend is dit antwoord natuurlijk niet, want het leidt meteen tot een volgende vraag: waarom moet Seghelijn uitgerekend zeven zonen bij zeven verschillende moeders hebben? Maar als we dit pad verder aflopen, raken we al te ver bij ons onderwerp vandaan. Het moge nu volstaan te zeggen dat een sleutelpassage van de tekst bestaat uit een lijst van zeven theologisch-moralistische vragen-met-antwoorden, die de dichter wellicht op het idee gebracht hebben om zeven zonen in het verhaal in te voeren, zodat zij de antwoorden konden leveren waar Seghelijn zelf de vragen stelde.[21] Dit laat evenwel onverlet dat er voor de martelscène op zich geen narratieve noodzaak bestaat. Die zal toch om gegronde redenen juist deze vorm en inhoud hebben gekregen. En om daar dichterbij te komen lijkt het me heel interessant om naar literaire modellen te gaan kijken, temeer omdat die ons wellicht op het spoor van de samenhang tussen vorm, inhoud en betekenis zouden kunnen zetten.

[21] Over deze sleutelpassage zie Claassens 1998. Uiteraard is hier ook de aansluiting van het verhaal op een bestaand werk, *Die VII vroeden van binnen Rome*, van belang: door deze aanhechting verleent Latewaert aan zijn eigen werk ook meer autoriteit.

Een eerste model dat ik hier kort wil voorstellen betreft één passage uit een van de boeken van het Oude Testament. In 2 Maccabeeën 7, 1-42 worden zeven broers voor de ogen van hun moeder gemarteld en gedood op bevel van koning Antiochus IV Epiphanes (ca. 215-164 v.Ch.), die de naleving van de joodse wetten verbood en de joden wilde dwingen heidense riten te volgen. Na de dood van haar jongste zoon sterft de moeder uiteindelijk ook. Het laat zich niet bewijzen dat Latewaert aan deze bijbelepisode heeft gedacht bij het schrijven van de martelscène, maar ik maak mij sterk dat het publiek – dat ongetwijfeld veel beter bekend was met de bijbel dan wij heden ten dage zijn[22] – wel eens aan de Maccabeeën gedacht heeft. Het is overigens duidelijk dat de martelscène geen zuivere kopie is van 2 Maccabeeën 7. Als er een relatie aangenomen mag worden, dan is dat er (opnieuw) een van omkering: zeven zonen wreken de dood van hun moeder op één schurk in tegenstelling tot één koning-met-slecht-karakter die zeven zonen vermoordt. Dit blijft natuurlijk niet meer dan *Spielerei* als we er geen betekenis aan kunnen verbinden. En dat kunnen we volgens mij wel degelijk. De zeven Maccabese broers sterven omwille van hun onwankelbare gehoorzaamheid aan God en in hun lijdensweg beschuldigen ze koning Antiochus van hoogmoed in het aangezicht van de Allerhoogste. En het is om deze reden dat 2 Maccabeeën 7 beschouwd werd en wordt als grondleggend voor de christelijke ideeën over het martelaarschap én als het prototype van het martelaarsverhaal. In de omgekeerde versie in de *Seghelijn van Jherusalem* is het niet de offervaardigheid ten bate van het geloof die tot uitdrukking wordt gebracht, maar juist de goddelijke gerechtigheid: de schurk die eigenmachtig het leven nam van de zeven moeders krijgt zijn verdiende loon. Over deze betekenis valt nog meer te zeggen, maar dat wil ik doen nadat ik eerst nog een ander model heb voorgesteld.

[22] 1-2 Maccabeeën behoren tot het historische deel van het bijbelcomplex, dat al in een vroeg stadium geschikt geacht werd voor een zelfstandige beluistering of lectuur door leken. In de historiebijbel die door Petrus Naghel, ook bekend onder de noodnaam 'Bijbelvertaler van 1360', vervaardigd werd, zijn deze boeken dan ook volledig opgenomen, alsook de deuterocanonieke boeken 3-4 Maccabeeën (zie Kors 2000 en 2003).

Een gewelddadig gebed

Daarvoor moeten we een andere mogelijke inspiratiebron van Latewaert onder de loep nemen, namelijk het verhaal van Christus' passie. Hoewel er in de overvloedige literatuur rond de passie – verhalen, traktaten, meditaties, liederen en gebeden – echt nog wel details werden toegevoegd aan de beschrijving die de evangeliën geven van Christus' lijden en sterven,[23] zal de dichter in deze teksten geen concrete voorbeelden gevonden hebben van de kwellingen die hij Gaures laat ondergaan. Zowel de specifieke inhoud als de omvangrijke overlevering van die passieliteratuur maken het moeilijk om de beschreven episode te verbinden aan een concrete tekst uit dit enorme corpus. Toch denk ik dat er een aangewezen kan worden die van invloed lijkt te zijn geweest.

Ik doel hier op een beroemde en zeer wijd verspreide hymne – het *Ave mundi salutare* –, die in de handschriften vaak aan Bernardus van Clairvaux wordt toegeschreven, maar in werkelijkheid van de hand van zijn jongere ordegenoot Arnulf van Leuven († 1250) is.[24] Oorspronkelijk in het Latijn geschreven, maar al spoedig ook in het Middelnederlands vertaald en in vele handschriften overgeleverd,[25] is de hymne te begrijpen als een liederencyclus op de ledematen van de Heiland. In liederen van vijf berijmde strofen worden achtereenvolgens de voeten, knieën, handen, zijde en het gelaat van Christus begroet, voorgesteld in het lijden en aangeroepen in hun heilstichtende functie.[26] Om een indruk te geven van deze tekst geef ik het volgende citaat uit de begroeting van Christus' zijde, waarbij ik het Latijnse origineel laat volgen door de Middelnederlandse vertaling:

> Salve, salve summe bonus
> Ad parcendum nimis pronus

[23] Zie hierover bijvoorbeeld Marrow 1979, vooral hoofdstuk 2, alwaar duidelijk gedemonstreerd wordt hoe het lijdensverhaal uitgebreid werd op grond van typologische verbindingen met het Oude Testament.

[24] Over de toeschrijving zie Stracke 1950a.

[25] Een indicatie voor de overlevering moge het volgende wezen: alleen al in de Koninklijke Bibliotheek van België zijn er negen handschriften voorhanden, waarin het gebed werd opgetekend (zie Deschamps en Mulder 2002, 70 (onder G1)).

[26] Zie over dit gebed Worstbrock 1978. De Latijnse tekst is gedrukt in de *Patrologia Latina*, dl. 184, kol. 1319-1324 (alwaar ook de foutieve attributie aan Bernardus).

Membra tua macilenta
Quam acerbe sunt distenta
In ramo crucis torrida[27]

In de Middelnederlandse vertaling werd het rijm opgegeven voor proza en luidt deze 'strofe' als volgt:

> Weest Ghegruet [ihesu] overste goedertierenheit, altoes bestu bereet te vergheven. O hoe bitterlijcken sijn dijn magher leede utgherect ende gebraden opten roester des crucen.[28]

Van deze hymne zijn overigens varianten in omloop die aan de vijfdelige cyclus twee liederen toevoegen, gericht tot de borst en tot het hart van Christus, of die de volgorde van de separate liederen wijzigen.[29] Wat hier zeker niet onvermeld mag blijven, is dat er ook handschriften zijn waarin de liederencyclus gepresenteerd wordt als een weekmeditatie op het lijden van Christus. Aan elke dag van de week wordt een specifieke begroeting verbonden: 's zondags de voeten, 's maandags de knieën, op dinsdag de zijde, 's woensdag de borst, op donderdag het hart, op vrijdag de handen en 's zaterdags het gelaat.[30]

Het moge duidelijk zijn waar ik hier op uit ben. Hoewel de hymne ook 'pijnlijke' details bevat die kunnen herinneren aan de marteling van Gaures, springt toch vooral de opbouw als overeenkomstig in het oog. Is het onvoorstelbaar dat de martelscène in de *Seghelijn van Jherusalem* gelezen kan worden als een omkering van

[27] Geciteerd naar Stracke 1950a, 141 (met overname van diens emendatie van *torrido* in *torrida*).

[28] Geciteerd naar de uitgave in Stracke 1950b, 414 (met overname van diens conjectuur *ihesu*).

[29] Cf. Worstbrock 1978 en Stracke 1950a.

[30] Ik verwijs hier naar de Middelnederlandse versie die afgedrukt is in Indestege 1961, 70-76, met – opnieuw – een toeschrijving aan Bernardus. Het concept van een gebed of meditatie welke aan de dagen van de week verbonden wordt, is overigens niet uniek voor het *Ave mundi salutare*: Stracke 1938 geeft een 'week-oefening tot het H. Hart van Jesus'. Een ander sprekend voorbeeld treffen we aan in de *vita* van Lidwina van Schiedam, die op haar schier eindeloze ziekbed het lijdensverhaal van Christus verdeelt over de zeven dagen van de week (cf. Jongen en Schotel 1989, 38-39). Oosterman (2001, 177-178) wijst op vergelijkbare constructies in *Den berch van Calvarien* en de *Gheestelicke melodie*, twee jongere teksten.

het *Ave mundi salutare* (of een vergelijkbare tekst)? Is de smadelijke dood van Gaures gemodelleerd naar een weekmeditatie op het lijden van Christus? Het heilbrengende leed dat gedurende de zeven dagen van de week wordt herinnerd, overdacht en méé-geleden, lijkt hier te worden neergezet als een zevendaagse cyclus van bloedige wraak en genadeloze straf.

En let wel: het betreft hier zeker geen parodie of pervertering. Wanneer we de scène lezen als een omkering van de hymne komen we wel degelijk uit bij een serieuze betekenis. Waar in de hymne het lijden van Christus herdacht wordt als een liefdevolle offergave, een act van genade en verlossing voor de berouwvollen, geeft het 'omgekeerde gebed' uitdrukking aan de 'achterzijde' van liefde en barmhartigheid, te weten de goddelijke gerechtigheid zonder welke de liefde en de barmhartigheid niet kunnen bestaan.[31] En dat dit zeker geen vergezochte lezing is, moge blijken uit de expliciete toevoeging dat dit Gaures' terechte bestraffing is als verrader en verstokt zondaar:[32]

> Dus so starf hi, seitmen mien,
> Dies so was hi weerdich wel.
> Dus moeten alle verraders fel
> Varen, die verradenisse plien
> Ende Gode no die sonde ontsien!
> (vss. 11.758-11.763)

En Gaures is echt een verstokte zondaar: van alle bestrafte schurken is hij de enige die geen volledige bekentenis aflegt,[33] de enige

[31] De ultieme symbolische uitdrukking van deze 'samenhangende tegenstelling' is uiteraard de kruisigingsscène zelf, waarin de Goede Dief het hemelrijk toegezegd krijgt en de Slechte Dief zijn kruisiging moet ondergaan als voorproef van de eeuwigdurende bestraffing. Zie hierover Merback 1999, vooral hoofdstuk 7.

[32] Dat Gaures als verrader getypeerd wordt, is sterk topisch: het thema van het verraad dat niet onbestraft blijft, komt uitermate frequent voor in middeleeuwse ridderromans. Zie hierover Ohly 1989, die overigens ook wijst op de hagiografie als voorbeeld voor de beschrijvingen van het vierendelen als straf. Ik ga daar verder niet op in, omdat ik hier vooral aandacht wil besteden aan Gaures' onvolledige biecht en de consequenties daarvan voor zijn positie.

[33] Dat de andere schurken wel een volledige bekentenis afleggen, wil niet zeggen dat ze hun straf ontlopen: Fortier, Rohaert, Erkenbaert en Maronier biechten, vinden genezing en worden dan gestraft. De implicatie is hier natuurlijk dat zij nog uitzicht hebben op het eeuwige leven na de dood; voor Gaures is dat denkelijk niet weggelegd.

die in de biecht niet het achterste van zijn tong laat zien.[34] Ook wanneer we de passie als een uiting van onderschikking aan Gods wil beschouwen, levert Gaures' gedrag een omgekeerde spiegeling op: zijn weigering een volledige bekentenis af te leggen, is heel wel te duiden als een act van wanhoop, een weigering om zich aan God toe te vertrouwen. Het einde van zijn martelgang is hiermee volledig in overeenstemming. De dood op het rad, waarbij het lichaam wordt blootgesteld aan de elementen en grote en kleine aaseters, is het prototype van een 'slechte dood' waarop per implicatie geen christelijke teraardebestelling volgt.

Dat zijn uitermate wrede straf door God gesanctioneerd wordt, kan afgeleid worden uit de voor ons wellicht dubieuze rol die de heilige balsem in de scène speelt. Het is een passiereliek – een fysieke representatie van het opperste heilige – waarmee in feite de zevendaagse lijdensweg mogelijk gemaakt wordt: we mogen aannemen dat deze reliek zijn helende kracht niet zou tonen als God er niet achter zou staan. Dat is vanuit middeleeuwse optiek overigens minder verontrustend dan we vanuit een sterk geseculariseerd hedendaags perspectief wellicht veronderstellen. Geweld op religieuze grondslag kon in de Middeleeuwen immers heel wel fungeren als een 'reinigingsact', waarin 'onreine' macht vervangen wordt door de 'reine' macht van het heilige.[35]

De middeleeuwer was zich zeker ook bewust van de onverbrekelijke samenhang tussen genade en gerechtigheid: God straft niet enkel op de Jongste Dag, maar ook in het *hic et nunc* laat hij zijn rechtvaardige toorn gelden.[36] Een goed voorbeeld daarvan vinden we – opnieuw – in vele heiligenlevens: daarin zien we niet alleen dat de kwelgeesten van de martelaren nogal eens een bitter einde moeten smaken, maar ook dat de heiligen zelf heel frequent

[34] Zie vss. 11491-11507 waar expliciet gesteld wordt dat Gaures wel al zijn zonden belijdt, behalve degene die hij aan Florette en de zeven moeders beging.

[35] Zie hierover Brown 1981, 103-104 die de gewelddadige effecten van de komst van de relieken van Sint Stephanus op Minorca (in 417) beschrijft en analyseert.

[36] In de combinatie van genade en gerechtigheid kunnen we een combinatie van de evangelische liefdesboodschap en de toornige, naijverige God van het Oude Testament lezen.

bestraffend optreden tegen zondaars en ongelovigen – en geweld wordt daarbij zeker niet geschuwd.[37]

Dienstbaar geweld: het nieuwe ridderschap

Het gebruik van zoveel geweld door de zeven zonen – nota bene: zij treden in de scène op als plaatsvervangers van de paus – moet geïnterpreteerd worden vanuit het beoogde effect. Hier wordt geweld niet getoond als een negatief voorbeeld, als een aanleiding om geweld te veroordelen, maar juist – en dat wordt mijns inziens pregnant uitgedrukt door het gebruik van de heilige balsem – om de macht van het heilige ten overstaan van de laakbare zondigheid van de mens aan te tonen. In de martelscène worden geweld en wreedheid niet ongenuanceerd veroordeeld, maar dienstbaar gemaakt aan en geheiligd door de goddelijke rechtvaardigheid.

In dit opzicht is de martelscène echt geen geïsoleerd geval in de *Seghelijn van Jherusalem*. De held gebruikt meer dan eens grof geweld tegen zijn tegenstanders en die tegenstanders worden veelal als zodanig gedefinieerd door hun heidendom: de reuzen Clincker en Clinckaert bijvoorbeeld zijn broers van Seghelijns vader en daarmee lid van de ongelovige, islamitische tegenpartij. Als ze overwonnen zijn en voor de keus gesteld worden zich te bekeren of te sterven, draait het erop uit dat ze door Seghelijn zonder blikken of blozen afgemaakt worden.[38]

In deze gevechten treedt Seghelijn op als een geloofsverdediger van oudtestamentische allure en het hoeft dan ook niet te verbazen dat hij geportretteerd wordt als een superbe *miles Cristi* – een tempelier zoals die door Bernardus van Clairvaux 'ontworpen' werd in diens *De laude novae militiae* (ca. 1130).[39] Hij krijgt bijvoorbeeld

[37] Zie hierover Krötzl 1992, vooral 124-125. Een ander sprekend voorbeeld is het *Boec van der Wrake* van Jan van Boendale († ca. 1351), waarin hij Gods straffend ingrijpen in de wereldgeschiedenis uitvoerig de revue laat passeren.

[38] Het belang van de religieuze dimensie komt in de gevechten met de reuzen heel sterk tot uitdrukking in de overwegingen die Seghelijn maakt als hij van de overwonnen reus Clinckaert verneemt dat zij langs vaderszijde verwant zijn. Seghelijn weegt de familieband (een argument voor genade) af tegen de religieuze tegenstelling. Het laatste weegt voor hem het zwaarst en hij doodt Clinckaert. Zie Verdam 1878, 48 (vss. 3550-3602).

[39] Zie hierover Claassens 1991, 243-249.

op miraculeuze wijze een wapenrusting in de kleuren van de Tempeliers toegespeeld, evenals een zwaard dat eertijds nog aan Mozes toebehoorde en waarmee Petrus op Witte Donderdag de knecht Malchus een oor afsloeg.

Het lijkt er heel sterk op dat in deze ridderroman een poging wordt ondernomen om aan ridderlijk geweld een nieuwe oriëntatie te geven. In plaats van een veroordeling krijgt het een certificaat van goddelijke goedkeuring aangehecht, mits het ingezet wordt tegen de juiste tegenstanders, de heidenen en de schurken.[40] Deze religieuze dimensie van het ridderlijke geweld komt samengebald tot uitdrukking in de woorden die de *naen* [dwerg], een broer van Seghelijns moeder en dus lid van de goede partij, tot hem spreekt als tijdens een gezamenlijke maaltijd blijkt dat de ten tonele gevoerde gesel – opnieuw een passiereliek – begint te bloeden door Seghelijns aanwezigheid. De *naen* zegt dan:

> Dats een teken dat ghi soudt dencken
> Om Gods passie, ende soudt wreken,
> Beide doot slaen ende steken
> Goeds vianden daer ghi moeght,
> Ende daerbi soude sijn verhoecht
> Die passie ontfinc voer die werelt wijt;
> Want ghire toe vercoren sijt.
> (vss. 3356-3362)

Bij monde van de *naen* wordt Seghelijn hier duidelijk gemaakt, dat Christus die omwille van de wereld de passie onderging, zich verheugt in het vergoten bloed van zijn vijanden. Seghelijn is uitverkoren om Gods vijanden te doden waar hij maar kan...

Als de *Seghelijn van Jherusalem* bedoeld is voor een elitair, aristocratisch publiek – en dat neem ik vooralsnog aan – dan is de bood-

[40] Interessant is hier het gegeven dat alle schurken in het verhaal geslagen worden met melaatsheid en daarvoor genezing gaan zoeken in het Rome waar Seghelijn heerst en de passierelieken genezing brengen. Maar melaatsheid is in een bijbelse context ook te begrijpen als een 'symbolische' aandoening, die wijst op ongeloof en ongehoorzaamheid aan God. Een ander belangrijk voorbeeld van deze heroriëntatie verschijnt in Seghelijns optreden in de gevechten rond Oliferne: als hij het slagveld betreedt, getooid met de minnepanden van de zeven jonkvrouwen, wordt hij vrij snel verslagen. Hij vecht op dat moment niet voor God of geloof, maar voor de veile minne.

schap duidelijk: ridderlijk geweld dient ingezet te worden ten bate van het geloof en de Kerk, ter bestraffing van zondaars en tegen de ongelovigen, wat heel herkenbaar is als het kruistochtideaal.[41] Geweld tegen de onschuldige medechristen of ten bate van politiek dan wel geldelijk gewin – dat is toch de impliciete boodschap – is uit den boze.

Onvergetelijke pijn

Ik meen aannemelijk gemaakt te hebben waar Loy Latewaert de details van de martelscène vandaan heeft gehaald en hoe hij ertoe kwam de scène op te bouwen zoals hij het gedaan heeft: inhoud en opbouw van de scène vertonen een betekenisvolle samenhang, zeker indien ze gelezen wordt tegen de achtergrond van de zojuist besproken teksten. Toch is hiermee het laatste woord nog niet gezegd over de functionaliteit van de scène. Het schijnt mij toe dat de nadrukkelijkheid waarmee de wreedheden gepresenteerd worden zich niet enkel laat verklaren door de geïntendeerde boodschap dat de christelijke *caritas* noodzakelijkerwijs gecomplementeerd wordt door de goddelijke *justitia*.

Ik denk dat de plasticiteit waarmee de wreedheden beschreven worden, ook tot doel heeft ervoor te zorgen dat de boodschap aankomt. Ik maak opnieuw een vergelijking met de passieliteratuur. Daarin wordt het heilsgebeuren sterk visualiserend voorgesteld, opdat de lezer/luisteraar tot een maximale beleving kan komen. Het doel van dergelijke voorstellingen – zowel de geschrevene als de iconografische – is te onderwijzen (*docere*), te ontroeren (*movere*) en de voorstelling in het geheugen (*memoria*) te griffen. Het 'onderwijs' dat de scène in de *Seghelijn van Jherusalem* beoogt, is inmiddels duidelijk: er is geen liefde zonder gerechtigheid. Het affect dat beoogd wordt, is ook duidelijk: geen doorvoeld medelijden dat tot deugdzaamheid moet leiden, maar eerder een opperst afgrijzen dat wil afschrikken van de zonde en waarschuwen voor 'de grote perskuip van Gods toorn' (Apoc. 14:19).

[41] Over de kruistochtideologie in de *Seghelijn van Jherusalem* zie Claassens 1991.

Dat de beschrijving ook de *memoria* dient – zowel het opslaan in het geheugen als de act van het herinneren – kan afgeleid worden uit middeleeuwse opvattingen over *memoria*. Zoals Mary Carruthers (1997) heeft aangetoond is de act van het herinneren geen vreedzame aangelegenheid, maar een kwestie van georganiseerd geweld. Met gecontroleerde en gemanipuleerde heftigheid wordt de verankering van de beschouwde beelden in het geheugen bevorderd, evenals de werkzaamheid ervan in de meditatie. Net als de handeling van het schrijven wordt ook het memoriseren in middeleeuwse teksten regelmatig omschreven in fysieke termen:

> The "wounding" of page (in punctuation) and the wounding of memory (in "compunctio cordis") are symbiotic processes, each a requirement for human cognition to occur at all. Several scholars working on *memoria* in medieval culture [...] have noted how violence seems to be a recurring preoccupation, almost a mnemotechnical principle.[42]

Bernardus van Clairvaux – zijn naam is al vaker gevallen – mag doorgaan voor een van de middeleeuwse 'theoretici' op dit gebied. Hij omschrijft de verzamelde levensherinneringen van een mens als een in kleurstof gedrenkt perkament, waar zelfs de scherpste schraper enkel de oppervlakte van kan afkrabben om al snel het perkament te doorscheuren. En Bernard zou Bernard niet wezen als hij de vergelijking niet door zou trekken naar de menselijke zondigheid en de goddelijke genade: zelfs Gods barmhartigheid en vergevingsgezindheid kunnen de zonde niet uit het geheugen schrapen, maar kunnen deze wel onschadelijk maken.[43]

Gaures' pijniging in dit leven wordt uiteindelijk afgesloten met de dood, maar de pijn moet wel onvergetelijk zijn.

Besluit

Daarmee kom ik aan het einde van mijn beschouwing van Gaures' martelgang in de *Seghelijn van Jherusalem*. Veeleer dan een griezelig inkijkje in een middeleeuwse martelkamer lijkt de besproken passage

[42] Carruthers 1997, 2-3. Zij wijst er in het betreffende artikel op dat ook de metaforiek van het eten en verteren in een *memoria*-context zeer vaak gebruikt wordt.

[43] Uit Bernards brief *Ad clericos de conversione*, geciteerd en becommentarieerd in Carruthers 1997, 17-20.

zicht te bieden op de overwegingen van een fascinerend laatmiddeleeuws dichter: inhoud, vorm en functie zijn hier in een weloverwogen vervlechting ondergebracht en presenteren zo een interpretatieve uitdaging aan het publiek van toen en de lezer van nu. Ter afsluiting wil ik twee literair-historische implicaties aanstippen.

Ten eerste meen ik dat de hierboven gegeven uiteenzetting eens te meer duidelijk maakt dat de grenzen die in de literatuurgeschiedenis getrokken worden tussen wereldlijke en geestelijke literatuur – in dit specifieke geval tussen ridderepiek en hagiografie – maar zeer ten dele een middeleeuwse realiteit weerspiegelen. De beïnvloeding van de *Seghelijn van Jherusalem* door heiligenlevens en passieliteratuur laat zien dat die grens geen ondoordringbare muur is, maar veeleer een permeabel membraan, een 'doordringbaar vel' – om in de beeldspraak van het betoog te blijven.[44]

Ten tweede zou ik willen opperen dat onze dichter, of hij inderdaad vereenzelvigd mag worden met Loy Latewaert of niet, heel wel een lid geweest zou kunnen zijn van de orde der cisterciënzers, die niet voor niets ook bekend staan als de bernardijnen. Bernardus is in mijn beschouwing nooit ver weg geweest en het schijnt mij toe dat er nog heel wat meer cisterciënzer-elementen in de *Seghelijn van Jherusalem* aanwijsbaar zijn.[45] Maar daarover kan hier het laatste woord zeker niet gezegd worden.

[44] Met name wil ik wijzen op de invloed van de bijbel, en dan niet op de eerste plaats als leverancier van religieuze boodschappen en betekenissen, maar zeker ook als *Fundgrube* voor narratieve modellen.

[45] Ik denk dan onder andere aan de volgende verhaalelementen: 1. de reliekenqueeste en – vooral – de reliekenprocessie ten huize van de *naen* (vss. 3188-3378), die ontleend lijken te zijn aan de Graalliteratuur (zie Janssens 1988, 139-143). De Franse filoloog A. Pauphilet heeft reeds gewezen op de sterke invloed van de cisterciënzerspiritualiteit in de Graalmaterie, vooral de Oudfranse *Queste del Saint Graal* (zie Pauphilet 1921, 53-84). 2. De expliciete thematisering van de problematiek van de vrije wil in de gevechten tegen de reuzen, waarin een invloed van Bernardus' traktaat *De gratia et de libero arbitrio* (uit 1128) verondersteld mag worden. In de eerder genoemde sleutelpassage rond de zeven vragen van Seghelijn wordt de thematiek van de goddelijke almacht versus de vrije wil ook nadrukkelijk aan de orde gesteld (zie Claassens 1998). Verder onderzoek zou mijns inziens rekening moeten houden met de opvallende rol van de Mariadevotie in het verhaal, met de 'suprematie' van de zonde van de hoogmoed tegenover die van de wellust, met de voor een ridderroman opvallende soberheid in de beschrijving van hofbijeenkomsten (geen somptueuze banketten of exuberante feesten, geen beschrijvingen van extravagante kleding), met de opmerkelijke behandeling van de

Geraadpleegde literatuur

BERENTS 1991: D.A. Berents, 'Galg en rad: "wrede straffen" in laatmiddeleeuws Utrecht', in: H.A. Diederiks en H.W. Roodenburg (red.), *Misdaad, zoen en straf. Aspekten van de strafrechtsgeschiedenis in de Nederlanden*. Hilversum 1991, 85-101.

BRAEKMAN 1969: W.L. Braekman, 'Middelnederlandse didactische gedichten en rijmspreuken'. In: *Verslagen en Mededelingen der Koninklijke Vlaamse Academie voor Taal- en Letterkunde* 1969 (afl. 2), 79-111.

BROWN 1981: P. Brown, *The Cult of the Saints. Its Rise and Function in Latin Christianity*. Chicago en Londen 1981.

CARRUTHERS 1997: M. Carruthers, 'Reading with Attitude, Remembering the Book'. In: D. Warwick Frese and K. O'Brien O'Keefe (eds.), *The Book and the Body*. Notre Dame en Londen 1997, 1-33.

CLAASSENS 1991: G.H.M. Claassens, 'Die Kerstenwet stercken. Kruisvaartideologie en -kritiek in de Seghelijn van Jherusalem. In: *Tijdschrift voor Nederlandse Taal- en Letterkunde*, 107 (1991), 235-273.

— 1998: G.H.M. Claassens, 'Dat en is sonder reden niet. Over de 7 vragen van Seghelijn van Jherusalem'. In: *Spiegel der Letteren*, 40 (1998), 25-54.

— 2000: G.H.M. Claassens, De dichter liegt, maar hij spreekt toch de waarheid. Over feit en fictie in middeleeuwse literatuur'. In: R. Jansen-Sieben, J. Janssens en F. Willaert (red.), *Medioneerlandistiek. Een inleiding tot de Nederlandse Letterkunde van de Middeleeuwen*. Hilversum 2000, 179-191.

DE BUNDEL 2000: K. De Bundel, *Seghelijn van Jherusalem en Florence de Rome. Een onderzoek naar brongebruik en zingeving*. Leuven 2000 (ongepubliceerde licentiaatsverhandeling).

— 2002: K. De Bundel, 'Een heldin voor het gerecht. Een vergelijkende analyse van een episode uit de Seghelijn van Jherusalem'. In: *Spiegel der Letteren*, 44 (2002), 115-147.

DESCHAMPS EN MULDER 2002: J. Deschamps en H. Mulder, *Inventaris van de Middelnederlandse handschriften van de Koninklijke Bibliotheek van België* (voorlopige uitgave), Vijfde aflevering. Brussel 2002.

liefdesthematiek (geen afwijzing van de hoofse liefde *tout court*, maar wel een bestrijding van de excessen) en met de frequent opgenomen gebeden die een te zware theologische lading (positie mens in schepping, triniteit, transsubstantiatie) hebben om voor uitingen van particuliere devotie door te kunnen gaan.

ERDMANN 1935: C. Erdmann, *Die Entstehung des Kreuzzugsgedankens.* Stuttgart 1935 (reprinted Darmstadt 1980).

FAEMS 2001: A. Faems, 'De functie van het vertellerscommentaar in *Seghelijn van Jherusalem*'. In: *Millennium,* 15 (2001), 114-139.

— 2002: A. Faems, *Hier namaels seldijt bat verstaen. Vertellerscommentaar in de Middelnederlandse ridderepiek.* 2 dln. Leuven 2002 (ongepubliceerde doctorale dissertatie).

FRAPPIER 1955: J. Frappier (ed.), *Les Chansons de geste du cycle de Guillaume d'Orange.* 2 dln. Parijs 1955.

GOODICH 1995: M.E. Goodich, *Violence and Miracle in the Fourteenth Century. Private Grief and Public Salvation.* Chicago en Londen 1995.

GRANGER RYAN 1993: W. Granger Ryan (trans.), *Jacobus de Voragine, The Golden Legend. Readings on the Saints.* 2 dln. Princeton 1993.

INDESTEGE 1961: L. Indestege, *Een Diets gebedenboek uit het begin der zestiende eeuw herkomstig uit het voormalig klooster Sint-Hieronymusdal te Sint-Truiden.* Gent 1961.

JANSSENS 1978: J.D. Janssens, '"Oorspronkelijkheid" en traditionalisme in Seghelijn van Jherusalem'. In: *Leuvense Bijdragen,* 67 (1978), 23-46.

— 1988: J.D. Janssens, *Dichter en publiek in creatief samenspel. Over interpretatie van Middelnederlandse ridderromans.* Leuven/Amersfoort 1988.

— 2002: J.D. Janssens, 'Madelgijs en de 14de-eeuwse ridderroman. Een literair-historische verkenning'. In: G. de Schutter en J. Goossens (red.), *Van Madelgijs tot Malagis. Een bundel opstellen verzameld n.a.v. de tachtigste verjaardag van Gilbert de Smet.* Gent 2002, 35-52.

JONGEN EN SCHOTEL 1989: L. Jongen en C. Schotel (eds. en vert.), *Het leven van Liedewij, de maagd van Schiedam.* Schiedam 1989.

KORS 2000: M.M. Kors, 'Bijbelvertaler van 1360'. In: B. Wachinger e.a. (eds.), *Die deutsche Literatur des Mittelalters. Verfasserlexikon.* 11 dln. Berlijn/New York 1970-2000 (tweede, herziene uitgave). Band 11 (2000), kol. 249-256.

— 2003: M.M. Kors, 'Die Schenkung einer *Legenda aurea*-Handschrift aus dem 14. Jahrhundert und die Identität des Bijbelvertalers'. In: A. Berteloot, H. van Dijk en J. Hlatky (red.), *"Een boec dat men te Latine heet Aurea Legenda" Beiträge zur niederländischen Überstezung der Legenda aurea.* Münster 2003, 19-34.

KRÖTZL 1992: Chr. Krötzl, '"Crudeliter afflicta". Zur Darstellung von Gewalt und Grausamkeit in mittelalterlichen Mirakelberichten'. In: T. Viljamaa, A. Timonen and Chr. Krötzl (eds.), *Crudelitas. The Politics of Cruelty in the Ancient and Medieval World.* Krems 1992, 121-138.

MARROW 1979: J.H. Marrow, *Passion Iconography in Northern European Art of the Late Middle Ages and Early Renaissance. A Study of the Transformation of Sacred Metaphor into Descriptive Narrative*. Kortrijk 1979.

MERBACK 1999: M.B. Merback, *The Thief, the Cross and the Wheel. Pain and the Spectacle of Punishment in Medieval and Renaissance Europe*. Chicago 1999.

OHLY 1989: F. Ohly, 'The death of traitors by dismemberment in mediaeval literature'. In: *Atti Academie Peloritana dei Pericolanti. Classe di Lettere Filosofia e Belle Arti*, 63 (1989), 9-27.

OOSTERMAN 1995: J.B. Oosterman, *De gratie van het gebed. Overlevering en functie van Middelnederlandse berijmde gebeden*. 2 dln. Amsterdam 1995.

— 2001: J.B. Oosterman, 'Ik breng u de mei. Meigebruiken, meitakken en meibomen in Middelnederlandse meiliederen'. In: B. Baert en V. Fraeters (red.), *Aan de vruchten kent men de boom. De boom in tekst en beeld in de middeleeuwse Nederlanden*. Leuven 2001, 167-189.

PATROLOGIA LATINA: J.-P. Migne, *Patrologia Latina, cursus completus etc.* 221 vols. Parijs 1844-1864.

PAUPHILET 1921: A. Pauphilet, *Etudes sur la Queste del Saint Graal attribuée à Gautier Map*. Parijs 1921 (reprinted: Parijs 1980).

SCHILD 1997: W. Schild, *Die Geschichte der Gerichtsbarkeit. Vom Gottesurteil bis zum Beginn der modernen Rechtsprechung*. Hamburg 1997.

SMALLEY 1964: B. Smalley, *The Study of the Bible in the Middle Ages*. Notre Dame 1964 (reprint van Oxford 1952).

SMEYERS 1998: K. Smeyers, 'De Marteling van de H. Erasmus door Dirk Bouts. Een speurtocht naar inspiratiebronnen en navolgingen'. In: M. Smeyers (red.), *Dirk Bouts (ca. 1410-1475), een Vlaams primitief te Leuven*. Leuven 1998, 127-136.

SPONSLER 2001: C. Sponsler, 'The King's boyfriend. Froissart's Political Theater of 1326'. In: G. Burger and S.F. Kruger (eds.), *Queering the Middle Ages*. Minneapolis/Londen 2001, 143-167.

STRACKE 1938: D.A. Stracke, 'Een devote week-oefening tot het H. Hart van Jesus'. In: *Ons Geestelijk Erf*, 12 (1938), 187-208.

— 1950a: D.A. Stracke, 'Arnulf van Leuven, O. Cist. Versus Gelukz. Hermann Jozef, O. Præm.'. In: *Ons Geestelijk Erf*, 24 (1950), 27-51 en 133-161.

— 1950b: D.A. Stracke, 'Over het: Ave mundi salutare, in het Diets'. In: *Ons Geestelijk Erf*, 24 (1950), 409-419.

VAN DE WIJER 1983: I. van de Wijer, *Segheliin. Codicologische, bibliografische en tekstkritische studie en editie.* 2 dln. Leuven 1983 (ongepubliceerde doctorale dissertatie).

— 1984: I. van de Wijer, 'Segheliin van Jherusalem. Tekstoverlevering van een Middelnederlands ridderdicht'. In: *Quaerendo*, 14 (1984), 273-304.

VERDAM 1878: J. Verdam, *Seghelijn van Jherusalem, naar het Berlijnse handschrift en den ouden druk (...) uitgegeven door...* Leiden 1878.

ZEHNDER 1993: F.G. Zehnder, Stefan Lochner. Meister zu Köln. Herkunft – Werke – Wirkung. Köln 1993.

'In de straten verderop halen de dichters vuilnis op' 11 september in de poëzie van Stefan Hertmans

ANNE DECELLE*

Inleiding

Na de aanslagen van 11 september schreeuwden rechtse commentatoren het uit dat dit het einde betekende van 'America's holiday from history': gedaan met Culturele Studies en de daarmee samenhangende focus op teksten. Amerika moet leren terugvechten, moet zich weer bezighouden met 'real enemies in the real world'.[1] Geen woorden meer, maar daden! Is er na 11 september geen plaats meer voor ethisch spreken in de poëzie? Heeft de dichter zijn strijdkracht verloren? In ons taalgebied ondernam Stefan Hertmans alvast een poging om die plaats te herwinnen. Reeds op 8 november, nauwelijks twee maanden na de gebeurtenissen, publiceerde hij in *De Standaard* het lange gedicht '11 september 2001':

11 september 2001

Indeed, one balmy day,
We might well become,
Not fossils, but vapour.
W.H. Auden

Hij liet zich bidden
Dat er tijd zou komen,
Een handomdraai van jaren,
De oude greppels die,
Van licht vervuld,

* Anne Decelle is als assistent verbonden aan de afdeling Nederlandse literatuur en volkskunde van de K.U.Leuven. Zij bereidt een proefschrift voor over de poëzie van Stefan Hertmans.

[1] Slavoj Žižek citeert hier onder meer George Will, in: Žižek 2002, 34-35.

Verhalen en gezichten dragen
En in de straten verderop
Halen de dichters vuilnis op.

De ene eeuw past op de andere;
Profeten hebben het steevast mis.
Maar onder puinen, waar een
Hand nog tast naar laatste licht,
Wordt stil en duivels aan het
Woord geschreven dat nooit
Af kan komen.

Gebouwen zijn als bomen
Men kapt ze voor hun tijd,
Lichamen vallen als beurs fruit
Uit kruinen die computers droegen
En vlammen schrijven snel
Hun boodschap in de lucht.

Een man kan met een mes
Een wereldstaat doen wankelen,
Zoals ooit paardjes, volbloed en
Heel snel, de zwaargepantserde
Metalen mannen omsingelden
En hun een les in lezen leerden.

Het staat geschreven op een muur,
Men trekt hem om over twee mannen
Die een appel stalen van hun buur.
Daarna worden ze snel begraven.
De oude boeken zijn als graven
Men woelt ze open, ruikt nog slechts
Vergane levens, maakt stuk terwijl
Men aan het licht wil brengen.

Een fresco op een metrowand,
Waarop een reuzegrote hand
Die naar de haastige gezichten grijpt.
We jagen, jagen door een kleine eeuwigheid
En zijn bij het ontbijt alweer vergeten
Wat het dromen had geleerd.

Ik kan me nu te pletter rijden,
De radio verstrooit de melodieën

In mijn hoofd.
Maar veraf, in adembenemend
Hoge weiden, waar winter komt
Met bidden en de dood vermijden,
Broedt nog een vogel feniks,
Hij vliegt in twee spiralen
Naar omlaag en wentelt traag
Naar steden die in stofwolken stikken.

Mijn boordcomputer spuwt heilige teksten,
Ik zie mijn moeder als een kind,
De file wil zich niet oplossen,
Naast mij eet een bleke manager
Wanhopig uit zijn neus,
Hij kauwt en slikt en zet zijn
Lege, grote ogen op wanneer
De truck voor ons gaat branden.

Het journaal verzekert ons dat we bestaan,
Dat stelt ons even nog gerust,
Maar morgen, als de antieke goden
Uit de schoongeveegde greppels kruipen,
Schreeuwende hompen die zich
Op benzinepompen storten,
Zullen we, gelovend in een winters
Schril geschilderd Babel,

De handen vouwen,
Mensen maken uit een beeld,
Oude tirannen om hun zegen vragen
En huilen om de dode vrouwen,
De kindsoldaten en dat vage beeld
Van een of andere verdwaalde
Legionair die bedelt bij de afrit
Om verheven, snelle dood.[2]

[2] Hertmans 2001, 19. Een herwerkte versie van het gedicht werd intussen, onder de titel 'Twee torens', opgenomen in de bundel *Vuurwerk zei ze*. Behalve de titel is ook de eerste regel veranderd: 'Hij liet zich bidden' is 'Men liet zich bidden' geworden. In de vijfde strofe is 'een muur' gewijzigd tot 'een oude muur'. Hertmans 2003, 67-69.

De onmogelijke ethiek van het schrijven. *Voice of the public* of vuilnisman?

'In de straten verderop/ Halen de dichters vuilnis op', 'De oude boeken zijn als graven/ Men woelt ze open, ruikt nog slechts/ Vergane levens, maakt stuk terwijl/ Men aan het licht wil brengen'. Poëzie wordt hier voortdurend verbonden met afval en met vergankelijkheid. Is ook Hertmans zijn geloof in de kracht van woorden kwijt? Het motto, uit het gedicht 'Address to the Beasts' van W.H. Auden, gaat nog een stap verder. De dichter is blijkbaar niet eens de functie van fossiel of graf van 'vergane levens' gegund. Zijn teksten zijn zo vluchtig dat ze oplossen in lucht:

> Indeed, one balmy day,
> We might well become,
> Not fossils, but vapour.

De keuze voor een motto van precies W.H. Auden, de dichter die ronduit beweerde 'that it was my moral duty to sacrifice my aesthetic preference for reality or truth', zorgt tegelijkertijd voor een tegenstem.[3] Bovendien lijkt ook de titel van het gedicht, '11 september 2001', gevormd naar het model van W.H. Audens beroemde tekst 'September 1, 1939'. Op 1 september 1939 vond de invasie van Polen door Duitse troepen plaats, wat meteen de Tweede Wereldoorlog inluidde. Misschien gaat Hertmans' titel daarom een intertekstuele dialoog aan met W.H. Auden; misschien is ook dit gedicht een waarschuwing dat de aanslagen van 11 september wel eens een derde wereldoorlog kunnen aankondigen?

Hertmans was overigens verre van de enige die in de nasleep van 11 september teruggreep naar de teksten van W.H. Auden. 'September 1, 1939' werd in zowat alle grote Amerikaanse kranten herdrukt. Het gedicht werd een *hot topic* in honderden chatrooms op het internet en het werd zelfs voorgelezen op de Nationale Openbare Radio.[4] Dat is niet verwonderlijk als je de volgende regels leest:

[3] Mendelson 1981, 1-28.
[4] Steinfels 2001.

Waves of anger and fear
Circulate over the bright
And darkened lands of the earth,
Obsessing our private lives;
The unmentionable odour of death
Offends the September night.[5]

Of ook:

What huge imago made
A psychopathic god:
I and he public know
What all schoolchildren learn,
Those to whom evil is done
Do evil in return.[6]

Lezers kozen voor Auden omdat hij scheen te voorzien in de behoeften van, wat ze noemden, 'people craving for language that's as precise as their pain'.[7] Daarbij zagen zij echter over het hoofd dat 'September 1, 1939' bovenal een tekst is over een onzekere en zwakke poëtische stem. Auden beklemtoonde in zijn leven herhaaldelijk dat hij geen propagandaliteratuur wenste te schrijven. De politieke situatie in Groot-Brittannië in de jaren '30 leidde er evenwel toe dat zijn teksten steeds vaker expliciete stellingnamen bevatten en bovendien voor politieke doelen werden ingeschakeld. Zijn onvrede met die toestand was een van de redenen die de dichter in 1939 deden emigreren naar de Verenigde Staten. 'September 1, 1939' is een van zijn eerste teksten na die vlucht uit Europa.[8] De derde strofe ervan thematiseert dat schrijven vanuit ballingschap:

Exiled Thucydides knew
All that a speech can say
About Democracy,
And what dictators do,
The elderly rubbish they talk
To an apathetic grave;
Analysed all in his book[9]

[5] Auden 1977, 245-247.
[6] Ibidem.
[7] McHenry 2001.
[8] Mendelson 1981, 1-28.
[9] Auden 1977, 245-247.

Thucydides (460-395 v.C.) schreef een geschiedenis van de Peloponnesische Oorlog, waarin hij Athene ervoor waarschuwde dat de instabiliteit en de degenererende democratie tot de ondergang van de stad zouden leiden. Niet toevallig leefde hij in ballingschap toen hij de tekst schreef en sloeg men zijn woorden in de wind aan het thuisfront. 'Exiled Thucydides knew/ All that a speech can say' moeten we dan ook interpreteren als: de verbannen Thucydides wist reeds hoe weinig woorden tot stand kunnen brengen.[10]

De enige uitweg die Auden nog restte was een gebed om een krachtigere stem. De slotregels van het gedicht luiden dan ook:

> May I, composed like them
> Of Eros and of dust,
> Beleaguered by the same
> Negation and despair
> Show an affirming flame.[11]

Hertmans' gedicht speelt in op die falende stem van Auden. Het gedicht opent met 'Hij liet zich bidden/ Dat er tijd zou komen', wellicht een verwijzing naar het slotgebed van 'September 1, 1939'. De constructie 'Hij bad' wordt hier vervangen door een constructie met 'laten'. De functie van 'laten' is niet onmiddellijk duidelijk. Misschien betekent 'laten' hier 'toestaan, dulden': hij stond zichzelf toe te bidden om meer tijd. Door dat spel met werkwoordsvormen bestempelt het gedicht Audens gebed blijkbaar als een teken van zwakte. 'Laten' kan evenwel ook 'veroorzaken, maken dat', betekenen. 'Hij liet zich bidden/ Dat er tijd zou komen' betekent dan zoveel als 'Hij dwong zichzelf te bidden om meer tijd'. De constructie wijst dan op een splitsing binnen het subject: door zijn toevlucht te nemen tot het gebed, verloochent Auden als het ware zichzelf. Bovendien kunnen we, door het enjambement van de eerste naar de tweede regel van het gedicht, 'Hij liet zich bidden' ook als een afzonderlijke eenheid lezen. 'Zich laten bidden' is een archaïsche formule om een uitnodiging af te wijzen: de dichter weigert als *voice of the public* op te treden.

[10] Brodsky 1987, 328-329.
[11] Auden 1977, 245-247.

Gaat het nog steeds om W.H. Auden die uit onvrede met de politieke accaparatie van zijn poëzie naar de Verenigde Staten emigreerde? De focus lijkt stilaan te verschuiven van W.H. Auden naar een reflectie over de rol van de poëtische stem in het algemeen. Aan het einde van de eerste strofe zijn het dan ook 'de dichters' die gemarginaliseerd worden: 'En in de straten verderop/ Halen de dichters vuilnis op'. En in de tweede strofe zijn Thucydides die de val van Athene aankondigde, W.H. Auden die voor de Tweede Wereldoorlog waarschuwde en Hertmans die de WTC-aanslag als de voorloper van een derde wereldoorlog lijkt te beschouwen, niet de enigen op wier woorden geen acht wordt geslagen: 'De ene eeuw past op de andere;/ Profeten hebben het steevast mis'.

Maar waarom dragen zowel het gedicht van Auden naar aanleiding van de invasie van Polen als het gedicht van Hertmans naar aanleiding van een gebeurtenis als 11 september zo'n uitdrukkelijke marginalisering van de openbare rol van de dichter in zich? Waarom die aarzeling ten opzichte van ethisch spreken in de poëzie? In het essay 'Zich de schrijvende vingers branden' spreekt Hertmans zich uit over wat hij noemt 'de onmogelijke ethiek van het schrijven'. In navolging van Martin Walser beschouwt hij de twijfelende stem van de literatuur als het ware kritische denken:

> Kritisch denken is dus niet dat wat zichzelf al van tevoren voor verlicht houdt. Het is precies het gênante, onzekere denken dat tastend en twijfelend op eigen kracht en moeizaam zichzelf bijlichtend het verstand weet te mobiliseren.[12]

Hertmans beseft evenwel dat hij hierdoor in een patstelling terechtkomt: wie het opschortende spreken als norm poneert, creëert zelf weer een dogma.

> Het spreken dat zich eindeloos uitstelt, de deconstruerende rede die de taal openhoudt, het is alles ook alweer hard op weg om precies dat dogma te worden, dat door zijn symbolisch geweld de kwetsbaarheid tegenspreekt die het predikt.[13]

[12] Hertmans 2000, 7.
[13] Idem, 11.

Precies de erkenning van dat tekort opent volgens Hertmans mogelijkheden voor een nieuwe vorm van ethisch spreken: 'de onmogelijke ethiek van het schrijven is juist zijn enige ethische mogelijkheid':[14]

> Maar dit tekort – dat zich als een verlangen naar stellige waarheden laat zien – toont precies die waarheid waar het elke mens op een al dan niet verborgen wijze om te doen is: dat er geen spreken zonder deze nogal onethisch ogende drift mogelijk is. Het spreken dat het eigen tekort openlijk bekent, kán moreel van betekenis worden omdat het de patstelling van de ethiek in elk spreken niet uit de weg wil gaan.[15]

Met andere woorden: net die ondermijning van de publieke rol van de dichter als profeet van de waarheid vormt voor hem de positieve voorwaarde voor een waarachtig ethisch spreken. Ook het gedicht getuigt van die dubbelzinnigheid. Op een letterlijk niveau roept de tweede strofe een beeld op van de vele slachtoffers bedolven onder het puin van de WTC-torens: 'Maar onder puinen, waar een/ Hand nog tast naar laatste licht'. Het substantief 'puin' heeft in het Nederlands evenwel geen meervoud. Met de vorm 'puinen' dwingt de tekst ertoe het beeld symbolisch te lezen. Wijzen ook de 'puinen' op het inherente falen van elk ethisch spreken? Dan drukt de strofe expliciet uit dat uit dit tekort een nieuwe vorm van spreken kan groeien:

> De ene eeuw past op de andere;
> Profeten hebben het steevast mis.
> Maar onder puinen, waar een
> Hand nog tast naar laatste licht,
> Wordt stil en duivels aan het
> Woord geschreven dat nooit
> Af kan komen.

De regels poneren dan ook geen stellige waarheden. De zin 'De ene eeuw past op de andere' kondigt een reflectie over de plaats van 11 september in de geschiedenis aan. Maar door de polysemie van het

[14] Idem, 20.
[15] Hertmans 2000, 23.

werkwoord 'afkomen' op de laatste regel schommelt de strofe heen en weer tussen twee wereldvisies, en daarmee samenhangend tussen twee opvattingen over de plaats van 11 september in de geschiedenis. 'Afkomen' kan zowel 'naar beneden komen' als 'ten einde komen' betekenen. Kennen we aan 'afkomen' de betekenis 'naar beneden komen' toe, dan roept de strofe de Hegeliaanse idee van een zinvolle geschiedenis op: 'De ene eeuw past op de andere'. De aanslagen van 11 september lijken nu misschien catastrofaal, maar ze passen in een hoger plan; op lange termijn dienen ze een hoger goed, want 'onder puinen' wordt 'aan het/ Woord geschreven'. Dat hoger plan is voor de mens op aarde evenwel niet leesbaar: het woord zal nooit naar de aarde afdalen. En dus hebben profeten het inderdaad steevast mis. Lezen we het werkwoord 'afkomen' evenwel in de betekenis 'ten einde komen', dan belichaamt 'het Woord' 'dat *nooit*/ Af kan komen' veeleer Nietzsches idee van de *Ewige Wiederkehr des Gleichen*. Voor Nietzsche is de wereld van waarde verstoken, doordat de motor van de geschiedenis een proces van eeuwige wederkeer is, 'een perpetuum mobile, zinloos en onuitputtelijk'.[16] 'De ene eeuw past op de andere', maar nu in een proces van voortdurende herhaling; de aanslagen op de torens zijn slechts een van de vele zinloze rampen uit een lange rij. De twee wereldvisies zijn met elkaar verweven. Het 'Woord' 'dat nooit/ Af kan komen' is dan ook in de eerste plaats het voortdurend opgeschorte, twijfelende spreken van de dichter, als enige mogelijkheid van een ethische stem in de poëzie.

Nu de poëtische stem in haar waarde is hersteld, mogen we misschien ook aan 'En in de straten verderop/ Halen de dichters vuilnis op' een positieve interpretatie toekennen. Zo beweert Dirk van Bastelaere onomwonden: 'De hedendaagse poëzie is troep. Het is rotzooi, afval, *junk, trash* en rommel'.[17] Maar precies die marginaliteit vormt de voorwaarde voor een kritische stem:

> In de marge functioneert ze opperbest, namelijk als een vingerwijzing aan de dominante manieren van spreken. Aan het vaak gewelddadige spreken van machthebbers, aan het oppervlakkige, discrimi-

[16] Hertmans 1999, 73.
[17] Van Bastelaere 2001, 83.

nerende spreken van de media, aan het gewauwel, de oooooh's en aaaaah's van de amusementsindustrie is hedendaagse poëzie een ethisch appèl. [...] In de bestaande instituties en vertogen schrijft de hedendaagse poëzie [...] zich met al haar wereldsheid en haar kennis van de codes in en ontwricht ze. Zeg mij waarin u gelooft en met een gedicht zal ik u van uw apropos brengen. Wil de hedendaagse poëzie haar pertinentie terugvinden, dan zal het erop aankomen haar maatschappelijke restfunctie te maximaliseren.[18]

Clash of civilizations? Slavoj Žižek neemt de handschoen op tegen Samuel Huntington

De dichters halen in de tekst '11 september 2001' inderdaad het vuilnis op: het gedicht illustreert ten volle die gemaximaliseerde restfunctie. Strofe per strofe zullen we kunnen vaststellen hoe de tekst zich in een bestaande code inschrijft en die vervolgens van binnenuit ontwricht. Dat merken we al in de derde strofe:

Gebouwen zijn als bomen
Men kapt ze voor hun tijd,
Lichamen vallen als beurs fruit
Uit kruinen die computers droegen
En vlammen schrijven snel
Hun boodschap in de lucht.

De strofe speelt met clichématige formuleringen waarin men, in een poging om zin te geven aan de dood, het overlijden van mensen inschakelt in een groter geheel van verval in de natuur. Een te jong gestorven persoon wordt vergeleken met een boom die voor zijn tijd gekapt wordt. Wie op hoge ouderdom sterft, is als beurs fruit dat uit de kruinen van de bomen valt. De uitdrukkingen worden hier echter geperverteerd: in het gedicht zijn het 'gebouwen', die vergeleken worden met bomen die voor hun tijd gekapt worden. Een element uit de wereld van techniek doordringt de vergelijking tussen mens en natuur. Nog uitdrukkelijker is dat het geval in het daarop volgende beeld voor de wanhopige mensen die in bosjes uit de brandende torens sprongen: 'Lichamen vallen als beurs fruit/ Uit kruinen die computers droegen'. Opnieuw

[18] Van Bastelaere 2001, 83-84.

ontwricht een technisch element de standaardvergelijking tussen mens en natuur: de lichamen vallen, zoals beurs geworden fruit, uit de kruinen van bomen, die ditmaal geen appels maar computers dragen. Die ontwrichting van de zingevingscode beklemtoont de zinloosheid van de duizenden doden.

De laatste regels van de strofe botsen echter met dat gevoel van zinloosheid. De brandende torens dienen er een doel, ze vertegenwoordigen een boodschap. Met 'En vlammen schrijven snel/ Hun boodschap in de lucht' roept het gedicht wellicht de zijde van de zelfmoordterroristen op die hun leven gaven om een symbolische daad te realiseren. Door de juxtapositie van het lot van de Amerikaanse slachtoffers en dat van de Arabische daders schrijft het gedicht zich in in het naar aanleiding van 11 september veelvuldig opgerakelde discours van Samuel Huntington. Huntington voorspelde reeds in 1993 dat de *clash of civilizations* de komende eeuw zou bepalen: een oorlog tussen enerzijds de Eerste Wereld, die gericht zou zijn op het leiden van een lang en bevredigend leven vol culturele en materiële rijkdom en anderzijds de Derde Wereld, die bereid zou zijn zich op te offeren voor een hoger doel.[19]

In het gedicht ondersteunt de polysemie van het woord 'beurs' op de derde regel alvast die thesis. In combinatie met 'fruit' is de normale betekenis van 'beurs' uiteraard 'overrijp'. Maar in de context van het WTC-centrum, dat heel wat kantoren voor beursspeculatie huisvestte, dringt een andere interpretatie zich op. De vergelijking 'Lichamen vallen als beurs fruit' bestempelt de slachtoffers dan expliciet als vruchten van de beurs, als producten van de economie. De strofe lijkt dan een perfecte weerspiegeling van de *clash of civilizations*-code. De eerste regels vertegenwoordigen de materialistische Eerste Wereld, waarin de mens geïdentificeerd wordt met gebouwen en computers. De laatste twee regels over de zelfmoordpiloten vertegenwoordigen de op transcendente doelen gerichte Derde Wereld.

Eén element is evenwel storend in die interpretatie: als we 'beurs' als een polyseem woord lezen, mogen we ook de polysemie van 'boodschap' op de laatste regel niet over het hoofd zien. 'Boodschap' betekent immers niet enkel 'bericht', maar tevens 'aankoop'.

[19] Žižek 2002, 40.

Handelstransacties liggen dus niet alleen aan de basis van de mensen die als 'beurs fruit' uit de torens springen, maar zijn tevens constitutief voor de 'boodschap' die de vlammen in de lucht schrijven. Door het economische als de kern van beide partijen aan te duiden, ondermijnt het gedicht het hele discours van de *clash of civilizations*. Hertmans zit daarmee op één lijn met denkers als Slavoj Žižek. Žižek was een van de eerste intellectuelen die in de openbaarheid trad met zijn reflecties over 11 september. Naar aanleiding van de eerste verjaardag van de aanslagen werkte hij zijn essay 'Welcome to the Desert of the Real' om tot een boek. *Welcome to the Desert of the Real* vormt een radicale afwijzing van de *clash of civilizations*-thesis. Žižek stelt onomwonden dat internationaal terrorisme en globaal liberalisme slechts twee zijden zijn van dezelfde, kapitalistische, munt:

> Muslim fundamentalists are not true fundamentalists, they are already 'modernists', a product and a phenomenon of modern global capitalism – they stand for the way the Arab world strives to accommodate itself to global capitalism.[20]

Een gelijkaardige ontwrichting van Huntingtons discours vindt plaats in de vierde strofe:

> Een man kan met een mes
> Een wereldstaat doen wankelen,
> Zoals ooit paardjes, volbloed en
> Heel snel, de zwaargepantserde
> Metalen mannen omsingelden
> En hun een les in lezen leerden.

Het enjambement tussen regel 1 en regel 2 houdt de dader (een man met een mes) en het slachtoffer (een wereldstaat) keurig gescheiden. De vormtaal echter problematiseert die oppositie. De formele parallellieën trekken immers veel meer aandacht dan de semantische tegenstellingen: beide regels beginnen met het onbepaald lidwoord 'een', gevolgd door een substantief en een werkwoord. Bovendien drijven beide regels op alliteraties: 'man', 'met', 'mes' op de eerste regel en 'wereldstaat', 'wankelen' op de tweede.

[20] Žižek 2002, 52.

Het vervolg van de strofe drijft de ontwrichting van de *clash of civilizations*-code nog verder door. Waaraan zouden de regels

Zoals ooit paardjes, volbloed en
Heel snel, de zwaargepantserde
Metalen mannen omsingelden

anders refereren dan aan de overwinning van de Turken op de kruisvaarders? Het gedicht roept met andere woorden een context op waarin de rollen omgekeerd waren: toen waren het de westerse kruisvaarders die hun leven wensten te geven voor een hoger doel.

God bless America. Over de goeden en de slechten

In *Welcome to the Desert of the Real* poogt Žižek het model van ideologiekritiek dat hij presenteert in *The Sublime Object of Ideology* (1989) toe te passen op 11 september. Een ideologie is voor hem niet zozeer een bedrieglijk beeld van de werkelijkheid, maar wel een ordening, een constructie die de deelnemers de kans biedt de werkelijkheid als een consistent geheel te ervaren. Dat neemt niet weg dat er altijd elementen zijn die aan die door de ideologie geboden samenhang zullen ontsnappen. Die elementen bedoelt hij met de term *The Real* uit de titel *Welcome to the Desert of the Real. The Real* is dus een niet-symboliseerbare kern. *The Real* vormt een kloof, een *gap*, een inconsistentie eigen aan elke ideologie. Een ideologie kan enkel succesvol zijn als ze erin slaagt die inherente inconsistenties zoveel mogelijk te maskeren, met andere woorden: als de deelnemers zich niet bewust zijn van de kloof in het systeem.[21]

De aanslagen op het WTC-centrum maakten die breuk echter wel zichtbaar. Op 11 september brak het gemaskeerde *Real* toch door naar de oppervlakte. De eindeloze herhaling van de beelden van het tweede vliegtuig dat op de torens invloog en de onthutste commentaren van journalisten en toeschouwers tonen dat dit iets niet-symboliseerbaars betrof, dat men er niet in slaagde de gebeurtenissen een plaats te geven in het zingevingsframe:

[21] Sharpe 2002, 29 en Žižek 1989, 20-21, 45.

> What collapsed on September 11 was not simply the twin towers. Americans' very sense of reality – of how the world was – was shaken to its foundations.[22]

Het gedicht van Hertmans speelt hier op in: 'Een man' 'met een mes' van de vierde strofe richt zich niet zomaar op de Twin Towers, maar kan 'Een wereldstaat doen wankelen'. 11 september was voor de westerse wereld de ontwrichtende ervaring van iets wat ze niet kon duiden, van een kloof, een *gap* in haar eigen ideologie. Vandaar wellicht de vele verwijzingen naar 'greppels' in het gedicht. In de eerste strofe:

> De oude greppels die,
> Van licht vervuld,
> Verhalen en gezichten dragen

En in de negende strofe: 'Maar morgen, als de antieke goden/ Uit de schoongeveegde greppels kruipen'. In de weken na de aanslagen werd er dan ook alles aan gedaan om die breuk in de ideologie weer te dichten, om de zichtbaar geworden *gap* weer af te dekken. De media vormden een belangrijke factor in dit proces. Zij duiken herhaaldelijk op in het gedicht. In de zevende strofe: 'De radio verstrooit de melodieën/ In mijn hoofd'. In de achtste strofe: 'Mijn boordcomputer spuwt heilige teksten'. En vooral de negende strofe is duidelijk: 'Het journaal verzekert ons dat we bestaan,/ Dat stelt ons nog even gerust'.

Die laatste regels wijzen duidelijk op de ideologiebevestigende rol van de media. Hierbij kunnen we onder andere denken aan de spontane heropleving van patriottisme na 11 september. Žižek bestempelt dit als een gemakkelijke en veilige vlucht weg van het trauma:

> In the aftermath of September 11 the Americans *en masse* rediscovered their American pride, displaying flags and singing together in public, but I should emphasize more than ever that there is nothing 'innocent' about this rediscovery of American innocence [...] [it is] an exemplary case of ideological interpellation, of fully assuming one's symbolic mandate, which comes on the scene after the perplexity caused by some historical trauma. In the traumatic aftermath

[22] Sharpe 2002, 11.

> of September 11, when the old security seemed to be momentarily shattered, what could be more 'natural' than taking refuge in the innocence of a firm ideological identification?[23]

Hoe slaagden de media er dan in die ideologieherstellende en –bevestigende functie te vervullen? Hoe kan 'het journaal' ons 'geruststellen' en ons 'verzekeren dat we bestaan'? De eerste regel van de achtste strofe, 'Mijn boordcomputer spuwt heilige teksten', is hier wellicht van belang. Met de term 'heilig' roept het gedicht de typische *God bless America*-retoriek op. Dat is precies de terminologie die na 11 september gehanteerd werd door media en staatsapparaat: die retoriek was erop gericht een strakke oppositie te creëren tussen subliem goede objecten als *nation*, *good*, *god* en *freedom* (aan de zijde van de Verenigde Staten) en subliem slechte objecten als *terror*, *terrorism* en *evil* (aan de zijde van Al Qaeda).[24] De wijze waarop Bin Laden naar voren werd geschoven als een *Evil Master-mind*, haast vergelijkbaar met de meestercriminelen van de James-Bondfilms, is daarvoor representatief. Door dat ideologische gebruik van de term *evil* kon het kwade volledig buiten de eigen werkelijkheid gesitueerd worden, waardoor de Amerikaanse natie zich onthief van elke plicht om ook in eigen ziel naar oorzaken te speuren.[25] Met andere woorden: een gemeenschappelijke vijand als bindmiddel bij uitstek!

De zevende strofe speelt in op dat *good versus evil*-discours van de media:

> Ik kan me nu te pletter rijden,
> De radio verstrooit de melodieën
> In mijn hoofd.
> Maar veraf, in adembenemend
> Hoge weiden, waar winter komt
> Met bidden en de dood vermijden,
> Broedt nog een vogel feniks,
> Hij vliegt in twee spiralen
> Naar omlaag en wentelt traag
> Naar steden die in stofwolken stikken.

[23] Žižek 2002, 45.
[24] Sharpe 2002, 19.
[25] Idem, 14.

Met het werkwoord 'verstrooien' op de tweede regel roept het gedicht de zo geroemde ontspannende functie van de media op. Hertmans waarschuwt er in zijn essays herhaaldelijk voor dat die vrijetijdsfunctie verre van waardenvrij is. [26]

> Alle technische 'werktuigen' van de media – van de radio over de televisie tot het internet – zijn als het ware voorbestemd om dit internationalisme-dat-zichzelf-niet-kent, op schijnbaar neutrale wijze uit te dragen zonder dat de repressieve kracht ervan opvalt. Het werktuig heeft [...] wel degelijk een 'programma' in zijn materiële eigenschappen. Het apparaat is de concretisering van een ideologie. Het is altijd verbonden met de grond waarop het is ontstaan.[27]

Het werkwoord 'verstrooien' betekent dan ook niet enkel 'afleiden', maar ook 'verspreiden'. 'De radio verstrooit de melodieën in mijn hoofd': precies in haar ontspannende functie indoctrineert de radio de geest van de luisteraar. Die indoctrinatie heeft betrekking op dit *good versus evil-* of 'heilig versus duivels'-discours. De volgende regels creëren immers een contrast tussen hoog en laag, tussen het zuivere van de hoge weiden en het bevuilde van de lagere steden en de stofwolken, tussen het verhevene van het bidden en het in dampen gehulde helse van de stad, tussen onsterfelijkheid in 'de dood vermijden' en vergankelijkheid in 'stikken'. Bindmiddel tussen beide polen is de vogel feniks. Volgens de Egyptische mythologie zou de feniks om de 500 jaar naar de stad Heliopolis komen om er een nest van mirre te bouwen. Vervolgens doet hij het nest ontvlammen en sterft hij in het vuur. Uit de assen herrijst dan een nieuwe feniks, identiek aan de vorige. Het gedicht weerspiegelt zo de opinie dat het geteisterde New York als een feniks uit zijn assen zal herrijzen en gesterkt uit de crisis zal komen.

Maar waarom vliegt de 'vogel feniks' in 'twee spiralen/ Naar omlaag'? Het lijkt wel alsof de feniks als metafoor fungeert voor de twee vliegtuigen die zich op de WTC-torens stortten. In die interpretatie wordt de *good versus evil*-retoriek evenwel volledig omgekeerd. Het zuivere van de 'Hoge weiden' en het verhevene van het 'bidden' staan dan aan de zijde van de terroristen die zich verwaardigen als een feniks af te dalen naar New York dat vervuild en in

[26] Hertmans 2002b, 141-142.
[27] Hertmans 2002a, 21-22.

helse dampen gehuld is. Bovendien vertonen beide polen eenzelfde kenmerk: de 'hoge weiden' worden op positieve manier 'adembenemend' genoemd, terwijl de steden met het negatieve 'stikken' worden geassocieerd. Door die gedeelde ademloosheid worden niet enkel de rollen omgekeerd in de gebruikelijke *good versus evil*-retoriek, maar wordt de hele polarisering doorgeprikt.

In het gedachtegoed van Stefan Hertmans is dat niet verwonderlijk. In het essay 'Mogen allen worden als ik' ontmaskert hij het creëren van schijntegenstellingen zoals die tussen *good* en *evil* of tussen God en Satan als retorische machtsmechanismen om de ander gelijk te maken aan onszelf, als middel tot universalisering van de eigen levensvisie:

> De westerse cultuur is door dit drama getekend. De ander wordt, mede door de inbreng van de manicheïstische leer, steevast een emanatie van de Antichrist; naast God is er alleen de Satan. 'Wie niet voor mij is, is tegen mij'. Bipolair denken reikt de hand aan de drang om te bekeren. Er is geen denkkader meer voor een werkelijke keuze: de keuze voor het andere impliceert de keuze voor het verkeerde, voor de Antichrist. Men moet wel 'kiezen' voor God, uit eigen vrije wil, maar er is geen ander artikel in de rekken te vinden.[28]

Die verdrongen andere is volgens Hertmans dan ook precies het traumatische *Real* waarmee de aanslagen van 11 september de westerse wereld confronteerden:

> De door CNN eindeloos herhaalde beelden van de ineenstorting van de Twin Towers in Manhattan, 11 september 2001, leken slechts de traumatische boetedoening voor de komst van het ondenkbare, het zo lang verdrongen beeld van een wereld die zich als universeel had gepresenteerd.[29]

Morgen zullen de antieke goden uit schoongeveegde greppels kruipen. Van de *Virtual Reality* naar huilen om kindsoldaten

De veelvuldige verwijzingen naar de media in het gedicht – de radio, de boordcomputer en het journaal – roepen evenwel nog een

[28] Hertmans 2002a, 17-18.
[29] Idem, 38.

ander discours rond 11 september op. Voor de meerderheid van het publiek was de aanslag op de WTC-torens immers uitsluitend een televisie-*event*. Daarmee passen de gebeurtenissen, volgens Žižek, binnen een ruimer kader van virtualisering van de westerse leefwereld, waardoor we ook de echte werkelijkheid meer en meer ervaren als een virtuele entiteit. In de supermarkt word je geconfronteerd met producten die ontdaan zijn van hun substantie: koffie zonder cafeïne, bijvoorbeeld, room zonder vet, bier zonder alcohol; op het internet kun je cyberseks zonder seks beleven. Een film als *The Truman Show* (1998) met Jim Carrey kan dan ook als de belichaming van de ultieme Amerikaanse paranoïde fantasie beschouwd worden. De plot is simpel: een individu in een kleine, idyllische Californische stad komt plots tot de ontdekking dat zijn hele leefwereld *fake* is, een geënsceneerd spektakel dat opgezet is om hem de illusie te geven dat hij in een echte wereld leeft, terwijl alle mensen rondom hem in feite acteurs in een gigantische show zijn. Films als *The Truman Show* stoelen op de onderliggende ervaring dat het Californische consumptieparadijs inderdaad iets onwerkelijks is, iets substantieloos, ontdaan van alle materialiteit. Zo ook werd het dodental van de aanslagen om de haverklap herhaald en aangepast, maar verrassend genoeg kregen we nauwelijks enige vleselijke schade te zien: geen uiteengerafelde lichamen, geen bloed, geen stervende mensen. En dit in scherp contrast met de gebruikelijke beelden uit de Derde Wereld, die er wel op gericht lijken om de meest gruwelijke details te tonen, variërend van uitgehongerde Somaliërs over verkrachte Bosnische vrouwen tot mannen met overgesneden kelen. Zelfs op de meest tragische momenten bleef de afstand tussen Zij en Wij dus behouden: echte gruwel gebeurt in de Derde Wereld, niet hier.[30]

De idee dat het sociale leven in het westen kenmerken heeft verworven van een geënsceneerde *fake*-wereld is volgens Žižek uitermate belangrijk voor een correct begrip van de impact van 11 september. Hij ontleent de titel van zijn boek dan ook aan de film *The Matrix* (1999) waarin die logica tot het uiterste wordt gedreven. *The Matrix* speelt met de idee dat de materiële werkelijkheid zoals

[30] Žižek 2002, 10-13.

de mens die ervaart slechts een virtuele werkelijkheid is die gegenereerd wordt door een gigantische megacomputer. Wanneer de held van de film wakker wordt in de echte werkelijkheid, blijkt dat een verlaten landschap met alleen uitgebrande ruïnes te zijn. De verzetsleider Morpheus begroet hem dan ook met de woorden 'Welcome to the desert of the real'. Voor Žižek ook een mooie verwelkoming op Ground Zero.[31]

Ook het gedicht van Hertmans speelt in op die schokkende vervloeiing van werkelijkheid en film, van echte realiteit en gevirtualiseerde leefwereld. Zo hebben de volgende regels uit de achtste strofe nog weinig te maken met de concrete context van de WTC-aanvallen. Integendeel zelfs, ze lijken wel rechtstreeks geplukt uit het script van een film als *Independence Day*:

> De file wil zich niet oplossen,
> Naast mij eet een bleke manager
> Wanhopig uit zijn neus,
> Hij kauwt en slikt en zet zijn
> Lege, grote ogen op wanneer
> De truck voor ons gaat branden.

Door de opvallende aanwezigheid van zintuiglijke elementen zoals 'eten', 'neus', 'kauwen', 'slikken' en 'ogen' roept de strofe de reële, tastbare werkelijkheid op. De formulering 'Hij [...] zet zijn/ Lege, grote ogen op' daarentegen brengt de idee van een gevirtualiseerde of geënsceneerde werkelijkheid binnen: de ogen lijken wel toneelattributen die naar willekeur kunnen worden op- of afgezet. Ook de laatste regel illustreert die spanning. Lezen we 'voor' als een ruimtelijk voorzetsel, dan moeten we de zin 'wanneer/ De truck voor ons gaat branden' in de concrete werkelijkheid situeren. Maar 'voor' kan ook een meewerkend voorwerp inleiden en 'ten behoeve van, ten voordele van' betekenen. De zin 'wanneer/ De truck voor ons gaat branden' transformeert dan de ramp tot een speciaal voor ons op het scherm van de televisie geprojecteerd beeld.

Die verbinding van 11 september met de filmwereld is niet zomaar uit de lucht gegrepen. De aanslagen werden wel een totaal onverwachte schok genoemd, een ondenkbare, onmogelijke

[31] Žižek 2002, 15.

gebeurtenis, maar die retoriek verduistert het feit dat de aanslagen al lang voorbereid waren in de westerse ideologische fantasie. Denken we maar aan de vele Hollywood-blockbusters, zoals *Escape from New York, Deep Impact, Armageddon* en *Independence Day*, waarin een of ander Amerikaans nationaal symbool wordt aangevallen. Heel wat toeschouwers reageerden dan ook op de instorting van de torens met de uitroep dat het wel een film leek. Žižek stelt onomwonden dat 'the unthinkable which happened was the object of fantasy, so that, in a way, America got what it fantasized about'.[32]

Volgens Žižek vervulden niet enkel rampenfilms die rol van fantasiebeeld, maar werden ook de beelden van de Derde Wereld gereduceerd tot zo'n fantasmatische verschijning op het scherm:

> it was before the WTC collapse that we lived in our reality, perceiving Third World horrors as something which was not actually part of our social reality, as something which existed (for us) as a spectral apparition on the (TV)screen – and what happened on September 11 was that this fantasmatic screen apparition entered our reality.[33]

De impact van 11 september kan volgens hem dan ook alleen maar begrepen worden tegen de achtergrond van het scherm dat de gevirtualiseerde Eerste Wereld scheidt van de ware 'Desert of the Real' in de Derde Wereld.[34] Voor de Verenigde Staten waren er twee keuzemogelijkheden: ofwel het eigen frame verder versterken, ofwel de kans benutten om door dat fantasmatische scherm heen te breken.

> So the alternative is: will the Americans decide to fortify their 'sphere' further, or to risk stepping out of it? Either America will persist in – even strengthen the deeply immoral attitude of 'Why should this happen to us? Things like this don't happen *here*'!, leading to more aggressivity towards the threatening Outside – in short: to a paranoiac acting out. Or America will finally risk stepping through the fantasmatic screen that separates it from the Outside World, accepting its arrival into the Real world, making the long-overdue

[32] Idem, 16.
[33] Idem, 16-17.
[34] Idem, 33.

> move from 'A thing like this shouldn't happen *here*'! to 'A thing like this shouldn't happen *anywhere*'![35]

De laatste strofen van het gedicht plaatsen die twee keuzemogelijkheden naast elkaar:

> Het journaal verzekert ons dat we bestaan,
> Dat stelt ons nog even gerust,
> Maar morgen, als de antieke goden
> Uit de schoongeveegde greppels kruipen,
> Schreeuwende hompen die zich
> Op benzinepompen storten,
> Zullen we, gelovend in een winters
> Schril geschilderd Babel,
>
> De handen vouwen,
> Mensen maken uit een beeld,
> Oude tirannen om hun zegen vragen
> En huilen om de dode vrouwen,
> De kindsoldaten en dat vage beeld
> Van een of andere verdwaalde
> Legionair die bedelt bij de afrit
> Om verheven, snelle dood.

De beginregels, 'Het journaal verzekert ons dat we bestaan,/ Dat stelt ons nog even gerust', vertegenwoordigen, zoals eerder aangetoond, de mogelijkheid om de aanslagen aan te grijpen als kans om het bestaande ideologische frame te bevestigen en te versterken. De derde regel daarentegen vertegenwoordigt, uitdrukkelijk ingeleid door 'maar', de tegengestelde beweging. Het gedicht lijkt er op te vertrouwen dat die het zal halen: 'Maar morgen' zullen de 'antieke goden/ Uit de schoongeveegde greppels kruipen'. Het gedicht rekent er, met andere woorden, op dat de confrontatie met de kloof tot een zuivering zal leiden: de 'greppels' zijn alleszins 'schoongeveegd'. De westerse 'antieke goden', die uit de greppels kruipen, worden in een bijstelling geïdentificeerd met 'Schreeuwende hompen die zich/ Op benzinepompen storten', wellicht een beeld voor de zelfmoordaanslagen in het Midden-Oosten. De oppositie tussen westerse en oosterse goden wordt blijkbaar opgegeven. En ook het

[35] Idem, 49.

gebed wordt losgekoppeld van de oppositie tussen *God* en *freedom* aan onze onschuldige zijde en *evil* en *terror* bij de vijand. In de vormtaal van het gedicht zijn 'De handen vouwen' en 'Oude tirannen om hun zegen vragen' immers in parallelle constructies gegoten.

Bovendien wordt de instorting van de WTC-torens, in wat wellicht een verwijzing naar Breughel is, vergeleken met een 'Schril geschilderd Babel'. Volgens Genesis (11:1-9) vatte men in Babel het plan op om te bouwen aan een toren die tot aan de hemel zou reiken. God daalde echter neer en verstoorde de bouw. Wat één volk met één taal was geweest, veranderde door zijn toedoen in talrijke volkeren die zich over de hele wereld verspreidden. Met die vergelijking drukt het gedicht als het ware de hoop uit dat 11 september een einde zou maken aan de almachtspretenties van het westen en de diversiteit in de wereld weer een kans zou geven.

De voornemens in de laatste strofe zijn nog explicieter: 'uit een beeld' zullen we 'Mensen maken'. Krijgen de televisiereportages uit de Derde Wereld eindelijk een plaats in onze werkelijkheid? Het gedicht lijkt er vast in te geloven dat de vele vrouwen die het slachtoffer werden van de Bosnische oorlog, de kindsoldaten in Afrika en zelfs de Palestijnse zelfmoordterroristen niet langer gereduceerd zullen worden tot de ver-van-mijn-bed-show die het journaal genoemd wordt, maar dat ze reële mensen zullen worden om wier lot we kunnen huilen: 'En huilen om de dode vrouwen,/ De kindsoldaten en dat vage beeld/ Van een of andere verdwaalde/ Legionair die bedelt bij de afrit/ Om verheven, snelle dood'.

'How soon all corpses look alike'. W.H. Auden als onheilsprofeet

Een mooie utopie natuurlijk, maar een nadere blik op het gedicht slaat die droom al snel aan diggelen. En daarmee is Žižeks utopische discours het laatste uit een lange rij opgeroepen en vervolgens ontwrichte codes. We hebben immers nog nauwelijks aandacht besteed aan het motto, dat geplukt werd uit 'Address to the Beasts' van W.H. Auden. Dat gedicht opent als volgt:

> For us who, from the moment
> we first are worlded,
> lapse into disarray,

who seldom know exactly
what we are up to,
and, as a rule, don't want to,

what a joy to know,
even when we can't see or hear you,
that you are around,[36]

Het gedicht refereert aan een van Audens favoriete thema's van de jaren '30: het verschil tussen de wereld van de natuur en de wereld van de mensen. Zowel de natuur als de mens ontleent zijn energie aan de levenskracht die Auden, naar Freud, Eros noemt. In de natuur is het Eros die alle beslissingen neemt. Bij de mens daarentegen staat Eros die macht af aan de individuele vrije wil. Het vermogen om zelf keuzen te maken brengt met zich mee dat ieder mens een verantwoordelijkheid draagt ten opzichte van de wereld.[37] Het in 1973, Audens laatste levensjaar, geschreven gedicht 'Address to the Beasts' staat evenwel nogal schamper ten opzichte van het verantwoordelijkheidsgevoel dat de mens zou scheiden van het instinctmatige dier:

Instinct is commonly said
to rule you: I would call it
Common Sense.

If you cannot engender
a genius like Mozart,
neither can you

plague the earth
with brilliant sillies like Hegel
or clever nasties like Hobbes.[38]

Even verder vervaagt het onderscheid tussen rede en instinct helemaal. Mens of dier, de dood maakt alle wezens gelijk:

Indeed, one balmy day,
we might well become,
not fossils, but vapour.

[36] Auden 1976, 660-661.
[37] Mendelson 1981, 1-28.
[38] Auden 1976, 660-661.

Distinct now,
in the end we shall join you
(how soon all corpses look alike)[39]

Het motto veroordeelt, met andere woorden, de utopische droom van een verantwoorde keuze aan het einde van het gedicht tot mislukken.

En waarom vertoont de laatste strofe van '11 september 2001' die ongebruikelijke, archaïsche term 'legionair'? Tegenwoordig komt de term vooral voor in de verbinding 'legionairsziekte' of 'veteranenziekte', een dodelijke luchtwegeninfectie die haar naam kreeg toen zich tijdens een reünie van Amerikaanse Vietnam-veteranen een epidemie van de ziekte voordeed. De bacterie kan zich in waterleidingscircuits bevinden en via kranen, douches en airconditioning verspreid worden. Als we de in het gedicht genoemde 'legionair' dan nog eens verbinden met het motto

Indeed, one balmy day,
We might well become,
Not fossils, but vapour.

dan slaat de utopische droom van de laatste strofen om in een dreiging van biologische of chemische oorlogsvoering. En zo eindigt het gedicht op een wel erg onheilspellende noot.[40]

Geraadpleegde literatuur

AUDEN 1976: W.H. Auden, 'Address to the Beasts'. In: E. Mendelson (ed.), *W.H. Auden. Collected Poems.* London 1976, 660-661.

— 1977: W.H. Auden, 'September, 1, 1939'. In: E. Mendelson (ed.), *The English Auden. Poems, Essays and Dramatic Writings. 1927-1939.* London 1977, 245-247.

BRODSKY 1987: J. Brodsky, 'On "September 1, 1939" by W.H. Auden'. In: idem, *Less Than One. Selected Essays.* London 1987, 304-356.

HERTMANS 1999: S. Hertmans, 'Over de herhaling'. In: idem, *Het bedenkelijke. Over het obscene in de cultuur.* Amsterdam 1999, 63-92.

[39] Ibidem.

[40] Deze tekst werd voorgelezen op 18 februari 2003. Op donderdag 20 maart 2003 bombardeerde Amerika de Iraakse hoofdstad Bagdad en luidde daarmee de Tweede Golfoorlog in.

— 2000: S. Hertmans, *Zich de schrijvende vingers branden. Over de onmogelijke ethiek van het schrijven. Louis Paul Boon-Lezing.* Tilburg 2000.

— 2001: S. Hertmans, '11 september 2001'. In: *Standaard der Letteren*, 8 november 2001.

— 2002a: S. Hertmans, 'Mogen allen worden als ik. Over de droom van het globalisme'. In: idem, *Het putje van Milete. Essays.* Amsterdam 2002, 11-38.

— 2002b: S. Hertmans, 'Het geweld van de verbeelding'. In: idem, *Het putje van Milete. Essays.* Amsterdam 2002, 141-161.

— 2003: S. Hertmans, *Vuurwerk zei ze.* Amsterdam 2003.

McHenry 2001: E. McHenry, 'Auden on Bin Laden'. In: http://slate.msn.com.

Mendelson 1981: E. Mendelson, 'W.H. Auden'. In: *American writers*, 1981, supp. 2, 1-28.

Sharpe 2002: M. Sharpe, 'The Sociopolitical Limits of Fantasy: September 11 and Slavoj Žižek's Theory of Ideology'. In: http://eserver.org/clogic/2002/sharpe.html.

Steinfels 2001: P. Steinfels, 'Auden's Poem Is Drawing New Attention'. In: http://www.nytimes.com/2001/12/01/national/01BELI.html.

Van Bastelaere 2001: D. Van Bastelaere, 'Crisis, trash en residu'. In: idem, *Wwwhhooosshhh. Over poëzie en haar wereldse inbedding.* Nijmegen 2001, 81-84.

Žižek 1989: S. Žižek, *The Sublime Object of Ideology.* London 1989.

— 2002: S. Žižek, *Welcome to the Desert of the Real. Five Essays on September 11 and Related Dates.* London/New York 2002.

Dichters en studenten trekken ten oorlog
Over het zeventiende-eeuwse pamflet
Den ombyt van Leuven

KAREL PORTEMAN*

Inleiding

Ieper, Guernica, Oradour, Dresden, Sarajevo... Een goed geïnformeerde zeventiende-eeuwer, of hij nu Brabander, Hollander, Spanjaard of Fransman was, zou in een dergelijke lijst zonder twijfel de naam Tienen hebben opgenomen. Tienen 1635. Deze bijdrage handelt over het letterengeweld dat de toen als zeer schokkend ervaren verwoesting van het Brabantse stadje en vooral het daaropvolgende beleg van Leuven begeleidde. In meer dan één tekst contrasteert de luchtige toon van dat literaire kabaal nogal met de gruwel van de feiten. Uiteraard komt dat op rekening van de goede afloop van de gebeurtenissen. Het feest verdringt dan algauw het treuren. Triomferende en lachende dichters zijn in dat geval maatschappelijk en politiek veel nuttiger dan elegisch vertolkt verdriet: het gemeenschappelijk zelfvertrouwen wordt versterkt en de vijand gereduceerd tot een verachtelijke en bespottelijke bende. Dat laatste is niet zonder belang omdat dergelijke teksten niet alleen voor de eigen bevolking, maar ook voor het vijandelijke kamp werden geschreven. En dat dat kamp werd bereikt, blijkt uit de reacties. Dichten als onderdeel van de oorlogsvoering: het is zeker geen saai onderzoeksobject. Kunnen pamfletten en spotschriften door hun geestigheid ons in zekere zin blind maken voor de wreedheid van de historische realiteit of zelfs onze morele gevoeligheid verdoffen, ze werpen in elk geval een helder licht op de werking en de effecten van de literaire media en de literaire cultuur van de maatschappij waarbinnen ze circuleerden. Ze bieden met andere

* Karel Porteman is emeritus hoogleraar in de Nederlandse letterkunde van de Klassieke Tijd aan de afdeling Nederlandse literatuur en volkskunde van de K.U.Leuven.

woorden heel wat literair-historische informatie én amusement. In het voorliggende geval kan dat laatste nog aanzienlijk toenemen: het materiaal bevat immers Nederlands dichtwerk dat in de Leuvense studentencultuur is ontstaan. Dat is uitzonderlijk, want in tegenstelling tot Leiden speelde de Leuvense universiteit van het ancien regime in de beoefening van de Nederlandse letterkunde eigenlijk niet mee. Er was natuurlijk de hoogleraar in de Latijnse welsprekendheid en de geschiedenis Puteanus, die in 1607 in zijn lange inaugurale rede even voor het dichten in de moedertaal heeft gepleit, inderdaad enkele Nederlandsschrijvende auteurs heeft bijgestaan en aangemoedigd en zelf een bundel Nederlandse epigrammen heeft gepubliceerd. Maar in het in dit opzicht veeleer onverschillige Leuven was hij toch vooral een (weliswaar belangrijke) uitzondering.[1]

De feiten

In het voorjaar van 1635 nam de oorlogsvoering van de Noordelijke Republiek tegen de Spaans en katholiek gebleven gewesten een spectaculaire wending.[2] Zij zou nu openlijk zij aan zij met de Fransen geschieden met het oog op de stichting van een min of meer onafhankelijke, van Spanje bevrijde bufferstaat. In geval van weerstand van de bevolking dacht men zelfs aan een opdeling, waarbij de Franstalige gewesten én een groot deel van Vlaanderen naar Frankrijk zouden gaan en de rest mét Brabant naar de Republiek. In het Noorden waren de verwachtingen hooggespannen. Dat valt zelfs waar te nemen in de briefwisseling van Hooft.[3] De Fransen haalden een eerste succes nabij Hoei en sloten bij het Staatse leger aan in de buurt van Maastricht. Onder het opperbevel van Frederik Hendrik, Prins van Oranje, trokken de geallieerden vervolgens samen op naar het hart van het land, Brussel. Ze vormden een voor die tijd enorme troepenmacht van ongeveer vijfenvijftigduizend soldaten. Spionnen en handlangers van Den Haag verspreidden in

[1] Dehennin 1999, 3-46.

[2] Voor de hierna beschreven politieke en militaire context, zie Alberts 1975, inzonderheid 105 e.v.

[3] Hooft 1977, nrs. 707, 709, 712, 715, 716, 718.

de steden pamfletten waarin hun komst als de lang verwachte bevrijding van Spanje werd voorgesteld. Hadden in 1632 enkele samenzwerende Zuid-Nederlandse edelen immers zelf niet het land aan Madrid willen ontrukken en het nagenoeg volgens de taalgrens willen verdelen tussen de Verenigde Provinciën en Frankrijk? Maar dat complot was door de handigheid van aartshertogin Isabella op een flop uitgedraaid. Bij de bevolking, die inmiddels al twee generaties lang tegen de Hollandse ketters was opgejut, maakte de gedachte aan een nieuwe opstand tegen Spanje geen kans. Wat zij wilde, was vrede. Maar niet deze naïeve inschatting van de publieke opinie zou de pretentieuze veldtocht doen mislukken. Wél de slechte coördinatie en vooral de bevoorrading. Die vormde voor zo'n groot leger een echt probleem. De opvolger van Isabella, de kardinaal-infant Ferdinand, broer van de Spaanse koning, was een sluw strateeg en liet meteen alle landbouwvoorraden in de versterkte steden onderbrengen. Zelf speelde hij het spel van kat en muis, vermeed een directe confrontatie en wachtte in de ommelanden van Brussel tot vanuit Duitsland de bevriende troepen zouden arriveren: een leger van panisch gevreesde Kroaten onder de leiding van Piccolomini (ja, die van de Pappenheimers!).

Eerst viel Tienen, hét strategische punt aan de Getelinie.[4] Het optreden van de Spaanse bevelhebber van het kleine stadsgarnizoen was dubieus. Hij leek, tegen de gebruikelijke codes in, tegelijk het spel te spelen van de eerbare overgave én weerstand te bieden. Dat was voor de op buit beluste soldateska genoeg om toe te slaan. Het begon op 9 juni en het brandschatten zou weken duren. Van de zevenhonderd huizen bleven er amper twintig overeind. Vrouwen en meisjes werden georganiseerd verkracht, vele burgers vermoord of gemolesteerd, kerken en kloosters leeggeplunderd. In het neutrale prinsbisdom Luik lagen Tiense kerkschatten massaal te koop! De schuldvraag blijft nu nog open. Hoe erg het was, bewijst de gêne van Frederik Hendrik en de Franse bevelhebbers. Dat hun soldaten ook de in Tienen opgeslagen voorraden hadden verbrand, zou hen overigens duur te staan komen. In de perceptie van velen was Tienen, om het anachronistisch uit te drukken, een

[4] Over de verwoesting van Tienen: Tienen 1985; pamfletten: Sabbe 1933, 231-265 en Vanderheijden 1933.

oorlogsmisdaad. Meteen ook was er de mythologisering. Een anonieme Tiense dichteres trekt alle treurregisters open van de toenmalige literaire smaak, in bewoordingen die om de haverklap in de catastrofebedrijven van de toenmalige classiciserende treurspelen zijn te vinden: 'Waerom scheurt d'aerd nu niet om dese groote sonden?'. Zon en maan moeten rouwen, 'den bracken dau' wenen over Tienen, het 'ander Troja'. 'Geusen' en 'Francoysen' zijn erger dan Turken.[5]

Intussen voelen die Bataafse en Gallische Turken zich zegezeker. Diest en Aarschot vallen als zoete broodjes in hun handen. Op 24 juni verschijnen de Fransen voor Leuven en installeren zich in Heverlee, Terbanck en Diependaal; de 'Hollanders' arriveren een dag later en slaan een indrukwekkend kamp op aan de Roeselberg bij Betlehem/Herent. De stad, zo luidt hun propaganda, zullen ze als ontbijt nemen, Brussel als noenmaal en Antwerpen als diner!

De defensiemaatregelen lieten over de Leuvense weerstandswil geen twijfel bestaan. Bevelhebber Anton Schetz baron van Grobbendonck, in het onheuglijke jaar 1629 de onfortuinlijke verdediger van 's-Hertogenbosch, was van plan de universiteitsstad, 'het vest der papen', én zijn krijgsmanseer duur te verkopen. De Waalse, Duitse en Ierse garnizoenscompagnieën kregen elk een sector van de stadswallen toegewezen. De stad mobiliseerde burgers, geestelijken en de, naar het schijnt, nauwelijks te temmen studenten. De laatsten dienden vooral voor het graaf- en delfwerk, maar ze zouden ook flink meevechten.[6]

Wat nu volgt, kon het begin zijn van een historische roman, een *literair*-historische roman. Veilig in zijn tent achter de Roeselberg zit de secretaris van de Prins, de dichter Constantijn Huygens, zijn dagelijkse brieven te schrijven aan de Haagse administratie en de nooit aflatende Amalia, Frederik Hendriks veeleisende echtgenote. Vol schaamte is hij over 'de elende te Thienen voorgevallen [...] bedroeffelyck ende nyet excusabel'. Maar ook – wat grijnzend –: '...on pourra faire jugement de la contenance des escoliers de

[5] De dichteres draagt de initialen W.S.D. Het pamflet (*Een droevigh beklagh van een Tiensche Maeght*) wordt besproken in Sabbe 1933, 243-244. Citaten aldaar.

[6] Over het verloop van het beleg van Leuven, zie Dauwe 1972 en vooral Welkenhuysen 1985-1987.

Louvain, qui apparemment auront si bien estudié l'exemple de Tirlemont, qu'ils tesmoigneront d'entendre mieux leurs affaires'.[7] Boven op de Keizersberg, in de oude grafelijke burcht die hem en zijn groot gezin als woning was toegewezen, in zijn 'verblijf van Pallas en de Muzen', resideert de zeer beroemde letterlievende cultprofessor Puteanus. Hij heeft er zijn vrienden in veiligheid bijeengebracht, neemt ijverig notities voor een boek over de belegering, de activiteiten van het vendel dat de burcht moest verdedigen aandachtig gadeslaand. En beneden onder deze burcht, vóór de Mechelse poort zwoegt, de schop in de hand, de theologiestudent Adriaen Poirters.[8] Hij maakt deel uit van de groep jezuïeten die er onder een regen van geweerkogels en kanonballen een schans bouwen, die naderhand van kapitaal belang zal blijken. Poirters zal zich in het begin van de jaren veertig ontpoppen tot de populairste Zuid-Nederlandse dichter en prozaïst van de zeventiende eeuw. Al meteen na zijn aankomst schrijft Huygens, die de burcht ziet liggen, naar zijn vriend een paar gedichten: 'quasi ad Puteanum', want van versturen en aankomen kan natuurlijk geen sprake zijn. Dat gegeven moet je uiteraard in de interpretatie meenemen. De in de academietaal, het Latijn, geschreven verzen zijn geen verdoezelende pacifistische groetjes, maar regelrechte uitnodigingen om de stad voor een overgave te bewerken. Wishful thinking! Ze claimen de Staatse rechten op een manier die Huygens zeker niet zou hebben gebruikt als de gedichten echt waren verstuurd. Enkele vrij vertaalde fragmenten:

> Grobbendonck die Den Bosch kon uitleveren aan Oranje, zal dat ook doen met de bronnen van de Muzen (namelijk Leuven, K.P.). Als hij zou twijfelen, Puteanus, snel jij hem dan maar met woord en daad ter hulp [...]. Kies als je wil leven: het is je als Nederlander vergund.[9]

Of:

> Muzen van Leuven die [...] nog op Puteanus' burcht wonen, vertel hem [...] dat wij, die uw eerbiedwaardige torens met dodelijke zwavel bestoken [...], voor de Bataven slechts de heilige rechten

[7] Huygens 1913, brief 1151 (aan A. Ploos) en 1149 (aan Amalia).

[8] Poirters studeerde toen theologie in Leuven. Over zijn deelname aan de verdediging: Rombauts 1937, 78-79.

[9] Huygens 1893, 320: *Quasi ad Puteanum*.

van de gastvrijheid vragen. We moeten ons de onschuldige hand drukken.[10]

De toon van deze verzen valt uiteraard ook te verklaren door het feit dat Puteanus in Noord én Zuid bekend stond als een voorstander van de vrede of een bestand. Enkele jaren daarvoor, toen enkele edelen gingen samenzweren, was zelfs een vredesbrochure van hem in beslag genomen.[11]

Lang zou de belegering niet duren. Door de uitgestrekte onbebouwde ruimten tussen de stadskern en de wallen halen de felle en lange beschietingen weinig uit. Door een ingenieuze verdediging, een combinatie van doordacht schanswerk en talrijke gedurfde guerilla-achtige uitvallen van kleine groepen, waarbij vooral de Ieren uitblinken, blijft Leuven de situatie meester. Zelfs een Spaans konvooi van driehonderd ruiters met munitie weet via de Tiense poort onder de neus van de vijand in de stad te geraken. En keer op keer wordt die met zware verliezen teruggeslagen. En bovenal: hij zit nagenoeg zonder eten en drank en er heerst een echte hittegolf. In de ochtend van de vierde juli pakt Frederik Hendrik, de veelbezongen 'stedendwinger', de biezen, gevolgd door zijn Franse maarschalken. Puteanus noteert: na tien jaar viel Troje, na tien dagen herrees Leuven. Zeker is – en dat verklaart veel – dat nog dezelfde dag de voorhoede van de hulptroepen arriveert: de gevreesde Kroaten. Over hen schrijft weer Puteanus: 'een wild, soldatesk, wreed mensenras, in Pannonië, tussen Donau en Sava gehuisvest, als het ware te midden van paarden en wapens geboren, nét geen Kentauren'.[12] (Nu nog noemen West-Vlamingen een persoon met wie je beter oppast: *ne roaren kerwaet...*). De Ieperse dichter Claude de Clerck laat in een van zijn spotdichten het verslagen Hollandse volkje een nieuwe versie van psalm 130, het *De Profundis*, zingen:

Uuter diepten, o Heere,
van den Hollandtschen druck,
roepen wy: haest u zeere,

[10] Huygens 1898, 321: *Eadem obsidione* (met dank aan Jan Papy).
[11] Dehennin 1999, 10-11.
[12] Welkenhuysen 1987, nr. 1, 22.

keert weder ons gheluck
[...].
Ziet, Heer, hoe dat wy zuchten
met tranen op de wangh,
doet de Krawaten vluchten,
de broeders zijn zo bang.[13]

Het einde van de veldtocht was een debacle, vooral voor de gehate Fransen. De Brabantse plattelandsbevolking liet zich niet onbetuigd: de vluchtende soldaten – ze deserteerden met hopen – werden genadeloos aangepakt. Men sneed ze, als ging het om verzamelobjecten, de oren en neuzen af. Dat hadden zij tenslotte ook met de Madonna van Tienen gedaan.

De teksten

Politieke pamfletten worden in de literatuurgeschiedenis vaak verwaarloosd. Men vindt ze in het beste geval vermakelijk, maar té efemeer om ze als actoren te beschouwen van het literaire leven, het literaire bewustzijn en de literaire ontwikkelingen. Een beetje ten onrechte, vind ik. Literatuurhistorici stoppen, met wisselend succes, ongemeen veel energie in het onderzoek van de opiniërende functie van treur- en blijspelen en andere genres. Maar in teksten waarin deze opiniëring voor de hand ligt, namelijk de pamfletliteratuur, nemen ze omgekeerd zelden de mooie gelegenheid waar om de gedeelde literaire cultuur van een gemeenschap aan het werk te zien. Zeker wanneer ze massaal en dus onderling vergelijkbaar rond een bepaalde stof voorkomen, zijn pamfletten vaak waardevolle getuigen van het gehalte van de heersende literaire grammatica. Wàt is in wèlke literaire gedaante mogelijk met het oog op de effectiviteit van een pamflet, zijn overtuigingskracht en zijn vermakelijkheid? Het literaire referentiekader van spotschriften is voor de literatuurhistoricus een waardevol gegeven. Het helpt om de kwaliteiten, zeg maar het niveau van de literaire cultuur van bepaalde groepen in kaart te brengen.

In het licht van de gangbare evaluaties van de zeventiende-eeuwse Zuid-Nederlandse literaire cultuur, is het geval Tienen/Leuven

[13] Buitendijk 1942, 152-153.

bijna een opsteker! Het gaat om een corpus van tientallen en tientallen teksten – meestal gedichten – die niet alleen vanwege hun onderwerp een grote samenhang vertonen. Ze stammen overwegend uit rederijkerskringen, een van oudsher interstedelijk, opiniërend netwerk, dat in de zeventiende eeuw via scherp overheidstoezicht van een kritisch milieu tot een gezagsgetrouw propaganda-instrument was geëvolueerd. Het materiaal vertoont dus ook een grote *literaire* coherentie. Dat komt bijzonder goed tot uiting in een dichtstuk namens de gereputeerde Leuvense kamer van de *Roose* met de titel *Die triumph van den Lovenschen Willecom. Waertoe gheroepen worden allen die omliggende steden om al-hier Godt te loven ende te dancken van het weldaet d' welck hy ons bethoont heeft [...].* Het lijkt op een invitatie voor een rederijkersfeest. De genodigde dichters worden inderdaad verzocht de Leuvense overwinnaars te komen huldigen. Deze poëten worden allen genoemd, *niet* bij naam, maar door de opgave van de titels van de gedichten die zij op de gebeurtenissen van 1635 schreven. Het gaat om een onvolledig genoemde lijst van meer dan dertig soms zeer uitvoerige dichtpamfletten, die nagenoeg nog alle voorhanden zijn. Ze bieden ons een goed beeld van de literaire capaciteit van de rederijkers en hun publiek.[14] Opvallend lijkt mij daarbij de manier waarop althans een aantal van de teksten demonstratief de aandacht trekken op hun literair statuut: vaak verwijzen ze naar elkaar, óf expliciet óf door het gebruik van dezelfde motieven; ze situeren zich binnen de Nederlandse dichtkunst en hanteren de techniek van de zogenaamde *poetria*, dit zijn vernuftige mythologische ficties die de gebeurtenissen naar de geleerde smaak verliteraturen. Verwijzen deze pamfletten naar belangrijke gebeurtenissen, vele ervan presenteren zichzelf onderwijl ook als kleine *literaire* evenementen. In wat volgt laat ik de in onze optiek minder bruikbare kroniekachtige gedichten, smadende en scheldende zoölogische fantasieën en spotliederen buiten beschouwing.

Maar nu enkele literair-geaccentueerde voorbeelden. In het wellicht Antwerpse pamflet *De Blauwe Scheen*, zogezegd gedrukt in 'Amsterdam op het hoecxken vande Creupelstraat, bij manck

[14] Over dit pamflet: Sabbe 1933, 288-192, met uitgave en identificatie van de titellijst.

Joosken, gheswooren drucker van de quade tijdinghen int Jaer 1635', wordt Prins Frederik Hendrik beschreven als de geflipte minnaar van Brabant. Ook Leuven komt in het vizier. Oranje is als een onrijp macho-studentje dat er in de nacht op uit trekt om met geweld vrouwen te veroveren:

> Eenen student die al te vroegh
> En eer hij oock is wijs genoech
> Bij nacht en onbequamen tijt
> Vliet van der Universityt,
> En al sijn gelt oock heeft verteert
> Eer hij Ovide heeft geleert,
> Maer wilt gaen vryen boven macht
> En wilt ghebruycken groote cracht
> Met veel getiers en groot geruys:
> Die loopt met een Blauw Scheen naer huys.

De titel herinnert aan een gedicht van de olijke Roemer Visscher. Onderaan ons spotdicht staat bovendien de tekst afgedrukt: 'Ghetrocken uyt de Brabbelinghe van Roemer Visscher'. Het pamflet schrijft zich dus, met het oog op het andere kamp, in binnen de Nederlandse literatuur.[15]

Vooral de *poetria* krijgt in enkele gevallen nogal demonstratieve allures. In het gedicht *Swaermoedigh considereren* – misschien eveneens toe te schrijven aan de anonieme Tiense dichteres? – neemt zij zelfs de bekende mengvormen aan van de Antwerpse barok: christelijke en klassieke motieven in een geleerd-artistieke Ovidiaans-mariale mix. Onze Lieve Vrouw van Tienen verschijnt er als de godin Ceres in wier gewijd bos de godenverachter Erysichton bomen kwam vellen en daarvoor bestraft werd om eeuwig honger te lijden, zodat hij zijn eigen ledematen ging opeten. De vergelijking met de kerkschennende en hongerende Hollandse Prins ligt voor de hand. Maar ook het mythologische bos van Ceres wordt als een katholieke bedevaartplaats beschreven: de heidense eiken zijn er met rozenkransen en ex voto's behangen.[16] In andere gedichten wordt geput uit de Hercules-stof, het Ikaros-verhaal. In de felle

[15] Sabbe 1933, 239-241, die als bijlage het pamflet ook volledig uitgeeft (439-443). Citaat: 442.

[16] Sabbe 1933, 244-245.

Sint Pieter, patroon van Leuven, verjaagt de Franse belegeraars.
Kopergravure van Pieter Franchoys (141x187 mm)
1635 (Latijns chronogram)
Leuven, Stedelijk museum.

De stadsheilige geeft een Frans veldheer een schop. Op de achtergrond ziet men de vestingstoren 'De Verloren Kost', beschadigd door de beschietingen, de burcht op de Keizersberg, waar Puteanus woonde en daaronder de Mechelse poort. Op de grond ligt een schild waarop drie Franse lelies zijn afgebeeld. De kat, getooid met een veldheerssjerp slaat op de vlucht, een zinspeling op de Franse bevelhebber, maarschalk de Châtillon.
Het chronogram, in de mond gelegd van St. Pieter, richt zich tot de Fransman en luidt in vertaling: 'Wees ver van hier verdreven, beschermer en bondgenoot van de ketters: ik zal geen afstand doen van de sleutels aan de vijanden van het geloof'.

Geus-Francen Haes-op (= haasje op de loop), gedrukt in Leuven 'by Jan met een Oor, in den grooten honger', is de fictie eenvoudiger en clichématig, maar het hekeldicht laat ons toe eindelijk de stap te zetten naar de universiteit. Mars kwam vrijen met Leuven, hier uiteraard gelijkgesteld met Pallas, de godin van de wijsheid, maar het is hem slecht bekomen:

> *Diest* was hem veel te slecht en *Aerschot* desghelijck.
> 't Is best docht hem dat ick d'out *Loven* eens bekijck,
> Daer rijcke Cloosters zijn en veel schoon ionghe Nonnen,
> Veel Kercken vol van buyt: die stadt moet zijn ghewonnen
> En't lagh hem in den krop dat Pallas haer daer hiel,
> Die noyt door het gheschut van Venus-wicht en viel.

De gecourtiseerde godin neemt in een overlegmonoloog dra de gedaante aan van de universiteit, die, na een moment van aarzeling, de belegeraars als studenten weigert in te schrijven. De vreselijke herinneringen aan Tienen domineren haar betoog, dat aanvangt met een verontwaardigde bastaardvloek:

> Maer Loven, hoe so trots? Pots duysent slabrementen,
> Wanneer hebt ghy ontseydt t' aenveerden nieu studenten?
> Dees gasten komen nieu, den eenen van Parijs,
> Van Leyden komt den Geus, om hier te worden wijs.
> [...]
> Ick eeren dese Guyts? Ick maecken hun Doctooren,
> Die dragen op hun hooft wel dobbel Mydas ooren?
> Mijn school is te gheleert voor dit bot Geus ghereck*, * gekwaak
> Hun breyn is veel te kleyn, sy zijn te bot van beck.
> [...]
> Ick leer dat Beulen zijn die swanger Vrouwen slaen:
> Ick leer dat fielten zijn die Maeghdekens verkrachten,
> Ick leer dat Turcken zijn die kinderen versmachten
> En werpen in het vier
> [...]
> Men maeckt tot Loven noyt, (Frans Geus dit wel verstaet)
> In een verboden Konst yemandt Licenciaet.[17]

[17] Sabbe 1933, 252-254. Citaten direct uit Brussel, Koninklijke Bibliotheek, *Recueil de pièces relatives aux Pays-Bas* (sign. 5060).

Studentenliteratuur

De Leuvense universiteit en de Prins die er wil komen studeren zijn in de pamflettenliteratuur over 1635 een geliefd motief. Het ziet er evenwel niet naar uit dat uit dat universitaire milieu en de studentenbevolking veel gedichten in de volkstaal zijn voortgekomen. De dichter van de zo Leuvense *Haes op* is een niet-Leuvense rederijker. Wel hebben toonaangevende professoren zoals bijvoorbeeld Puteanus, Vernulaeus en Janssenius de gebeurtenissen in geleerde Latijnse werken vereeuwigd.[18] Toch lijken enkele Franse en Nederlandse teksten uit de studentenwereld te stammen. Dat is zeker het geval voor enkele Franse liederen, zoals 'Estudians sages, monstrons noz courages' of de 'Chanson nouvelle sur l'assiegement de Louvain':

Vive Louvain pucelle,
La sage aussi la belle,
Vive les habitans,
Vive la Theologie,
Et la Philosophie,
Et les Estudians.[19]

Van de Nederlandse gedichten stamt waarschijnlijk *Den ombyt van Loven* van een student, wellicht een canonist of theoloog. De tekst wordt hier als bijlage uitgegeven en met vraagtekens toegelicht. Het pamfletdicht zit vanwege zijn Leuvens jargon vol wolfijzers en schietgeweren. De filologie is nog een echt vak, geen praatdiscipline: je lijdt er nog nederlagen!

Voor de studentenherkomst van de tekst pleiten nogal wat argumenten. Het gedicht zit vol *inside jokes* over het curriculum, over de cursussen en het studentikoze ontspanningsleven. Het is bovendien goedgekeurd door de boekencensor van de universiteit, de Gelenaar Antonius Loverius, licentiaat in de theologie, president van het college van Houterlé en jarenlang filosofiedocent aan de

[18] N. Vernulaeus, *Triumphus Lovaniensium*. Leuven 1635. E. Puteanus, *Historiae Belgicae, liber singularis de obsidione Lovaniensi*. Antwerpen 1636 (vertaling en commentaar: Welkenhuysen 1985-1987). C. Janssenius bestreed de Franse steun aan de 'ketterse' Hollanders in zijn *Mars Gallicus* (1635).

[19] Dauwe 1972, 100.

pedagogie van 'Het Varken'.[20] De tekst valt geheel buiten het zonet beschreven dichterlijke discours van de rederijkerspamfletten. Hij haalt al zijn kracht uit het universitaire repertoire.

Het gedicht doet zich voor als een spel, een dialoog van vraag en antwoord tussen een *pedaen* en een *boer* die op de gebeurtenissen terugblikken. Met de boer kan niet de in het genre traditionele domme boer zijn bedoeld: hij heeft zelf nog gestudeerd, hij citeert uit de *Epitome* van de Romeinse geschiedschrijver Annius Florus (vss. 53-60) en doet, zoals de groten, zegt hij, uitspraken *per parentesin* (vss. 93-94). De boer treedt hier alleen op als iemand die op het platteland woont en weet wat tijdens de veldtocht buiten Leuven is gebeurd. *Pedaen* versta ik het liefst als student (van een pedagogie), niet als docent. Als de boer spreekt over de tijd toen hij *pedanizeerde*, zal hij het wel gewoon over zijn studententijd hebben. De *pedaen* praat vanuit de stad: hij vertelt de gebeurtenissen in en omtrent Leuven.

Aan de hand van de historische relazen, onder meer het boek van Puteanus, valt de bijwijlen echt geestige tekst goed te verklaren. Maar in de lange laatste claus van de *pedaen* (vss. 233-464), die exact de helft van het gedicht beslaat, wordt dat soms echt moeilijk en spannend. De student somt er de redenen op waarom de Prins en zijn Franse bondgenoten Leuven zijn komen belegeren. Er waren er drie: 1) Frederik Hendrik kwam op bedevaart naar Tervuren bij St.-Hubertus (voor een goede verstaander de beschermer tegen de razernij; de Staatse troepen hadden het dorp en het kasteel geplunderd); 2) hij wou in Leuven 'ontbijten' en 3) hij wilde er met zijn Franse bevelhebbers een diploma halen. De uiteenzetting zit vol vaak moeilijk te ontwarren universitaire zinspelingen. Ik geef enkele voorbeelden.

De verzen 265-268 bestaan uit echte collegetaal. De *pedaen* spreekt namens de studenten:

> De *Syllogismos* maeckten wy
> *In Firio* met hoopen,

[20] E. Reusens, *Documents relatifs à l'histoire de l'Université de Louvain (1425-1797). III. Collèges et pédagogies*. Leuven, 1881-1885, 187; P. Jans e.a. (Red.), *Sint-Aloysius Geel. Zes eeuwen collegegeschiedenis*. Z.p., 1992, 102. Met dank aan Chr. Coppens.

Festino was Brussels ghety,
Ba-Rocco viel in't loopen.

Op het eerste gezicht zou de pseudo-mengtalige mededeling voor een buitenstaander kunnen luiden: redeneringen (*Syllogismos*) over de belegering maakten wij tijdens het furieuze beleg of het vuren (*in Firio*) met hopen. Dra (Latijn: *Festino*) was het in Brussel etenstijd en tijdens de vlucht (*in 't loopen*) viel hij (de Prins?) in duigen, in brokken (*Ba-Rocco*). Wat de mededeling ook betekent, de studentikoze geestigheid bestaat erin dat de vreemde woorden eigenlijk mnemotechnische termen zijn uit de scholastieke logica of syllogismenleer. Ze worden hier als studentenidioom oneigenlijk gebruikt. *Festino* is het geheugenwoord voor de derde van de vier mogelijkheden van de tweede syllogismenfiguur, bestaande uit een universele negatieve premisse (E), een bevestigende minor (I) en een particuliere negatieve conclusie (O). E.I.O.: f*e*st*i*n*o*! Het vreemde *Ba-Rocco* is eveneens een formule om een modus van de tweede syllogismenfiguur te onthouden: de major is een universele affirmatieve premisse (A), terwijl de minor en de conclusie negatief zijn (O). A.O.O.: B*a*-R*o*cc*o*. *In firio* of *ferio* verwijst naar de vierde modus van de eerste figuur.[21]

De verzen 309-316 bieden meer moeilijkheden. De prins en een paar Franse maarschalken zijn jaloers op de hertog van La Meilleraye, een neef van kardinaal Richelieu die zopas tot *mestre de camp* van een artillerieregiment was benoemd. Ook zij willen in Leuven al met Bamis (1 oktober of het nieuwe academiejaar) *mestre*, maar nu te verstaan als *magister* (licentiaat), worden. Dat kan niet, zegt de *pedaen*. Leuven haat de 'doctors sub camino', de would-begeleerden-onderweg, namelijk diegenen die even in een universiteitsstad langskwamen om zonder noemenswaardige prestatie tegen betaling een titel te behalen. (Onder meer aan de Loire-universiteiten was dat een bekende praktijk en veel Leidenaars behaalden er op deze manier vaak een tweede titel). Neen, in Leuven moet je een *Act van determinati* voorleggen (v. 302). Dat slaat op voorproeven die voor het baccalaureaatsexamen en het doctoraat

[21] Voor de verklaring van deze termen, zie: A. Lalande, *Vocabulaire technique et critique de la philosophie*. Paris 1972.

moesten worden afgelegd. Een alternatief boden de studiebewijzen vanwege de Keulse universiteit (v. 304). Met hun schoppen moet het drietal de hal waar ze les zullen volgen zelf graven (vss. 305-306): dat slaat uiteraard op het gangwerk van de approches. Als iemand zich daarin oprichtte (in collegesfeer: om het woord te nemen) kreeg hij meteen vanuit de *De Verloren Kost* 'een argument oft slaghen' (vss. 307-308). Vanuit deze hoge vestingstoren tussen de Brusselse en de Mechelse poort, zo genoemd omdat de Leuvenaars hem ooit als een verlieslatende investering hadden beschouwd, beschoten de universitaire eenheden de vijand. En dan komt het:

> Dees menschen waren noch so mal
> s' En wisten noch gheen wetten
> En feesten hun *droogh acte* al
> Die volghen moet twee vetten.
> Want die wel wettigh soeckt den naem
> Van *Baccalaureatus*,
> Die moet eerst *Currens* zijn bequaem
> En daer na noch *Formatus* (vss. 309-312).

Wat de *droogh acte* is, die de drie kennelijk onreglementair wilden behalen, weet ik niet. Wellicht is het einddiploma van baccalaureus bedoeld, maar over een *actus siccus* heb ik nog nooit iets gelezen. De toepassing is wel leuk met het oog op de dorstlijdende belegeraars. Misschien valt hier te denken aan een *ad fundum*-drink, in het Frans 'cul *sec*'.[22] Aan deze (voortijdige) grote diplomaviering gaan twee *vetten* vooraf. Wat zijn dat? Ik vermoed 'feesten' die na het behalen van de baccalaureaatsproeven plaatsvinden (vergelijk *vetje*: feest). Die proeven leiden achtereenvolgens tot de titels als *baccalaureus currens* of baccalaureus in opleiding – 'currens' is hier wel zeer toepasbaar als men aan de 'weglopende' Prins denkt – en *baccalaureus formatus*.

Verzen 325-328 zijn nog minder begrijpelijk. De drie aspirant-studenten moeten ook nog gaan studeren in een van de vier Leuvense pedagogieën (Het Varken, de Burcht, de Lelie en de Valk) en dat wordt weer voorgesteld als een drinkpartij. Ze moeten

[22] Zie het Franse 'Faire cul sec en buvant'. Met dank aan J. Weisgerber, G. Geerts en G. De Schutter.

het Leuvense studentenbier, de beroemde 'kuit', leren drinken. De wellicht positieve kwalificatie ervan, die dus tevens op de kwaliteiten van de Leuvense studies of de colleges slaat, klinkt raadselachtig:

> In *'t Vercken* is 't insonder goet,
> In *Castro* wat en vetten:
> Dat *Lelies* als een toet-steen soet,
> Des *Valcks* soud' u zeer letten.

Wat gedoceerd wordt is geen slappe kost. Het is niet licht! Wat betekent 'wat en vetten'? Wat goed, wat lekker, wat voedzaam? Waarom het bier of de leerstof van de Lelie zoet is als een 'toetsteen', begrijp ik niet meteen. Een steen is hard. Is 'soet' ironisch? 'Letten' slaat weer op de stevige kwaliteit van de 'kuit': met de stof van de Valk zou je ook nog heel wat moeite hebben.

Met het spel van de onmiddellijk daaropvolgende verzen moeten we nu stilaan vertrouwd zijn geraakt. Er komt vanuit het Hollandse legerkamp nog een kandidaat-student opdagen (vss. 329-336):

> Maer nu recht op den vijfden dagh
> Sonden den Graef *Stiron*
> Om vragen oft hy worden magh
> Doctoor in 't rechten van *Canon*.
> Het scheen oft in zijn argument
> Den Duyvel was gheseten,
> Hij maeckten 't *Sillogismus* endt
> In *Dabitis* te weten (vss. 329-336).

Ook graaf Herman Otto van Limburg en Bronkhorst, heer van Stirum en kolonel van de Hollandse troepen, wil een diploma, namelijk dat van 'doctoor in 't rechten van Canon' of het canoniek recht (v.332). Dat slaat op de hevige beschieting van de stad tijdens de vijfde belegeringsdag. Ze was echter weinig effectief. Vandaar dat hij zijn canon moet leren 'rechten' (richten). Stirums argumenten steunen op een *Dabitis*-syllogisme (v.335). Dat kan weer tegelijk begrepen worden als 'Gij zult u (over)geven' en als een logisch geheugenwoord met betrekking tot de zevende modus van de eerste syllogismenfiguur, bestaande uit een universeel affirmatieve major (A), een particuliere affirmatieve minor (I) en een particulier affirmatief besluit (I): A.I.I., d*a*b*i*t*i*s.

En dat onze blijkbaar gevorderde student zijn zaken kent, bewijst het einde van het gedicht. Dat richt zich tot de Parijse concurrent, de Sorbonne. Daar hadden ze, zei men, de juridische argumenten gezocht voor Richelieus verafschuwde tegennatuurlijke samengaan met de protestanten. Dat was het opofferen van de godsdienst aan het staatsbelang. En van deze onoorbare 'staatstheologie' moet de *pedaen* niet weten. Ze herinnert hem aan de scholasticus Willem van Occam die in de Middeleeuwen de theologie had misbruikt om de paus een loer te draaien ten voordele van Lodewijk IV van Beieren, wat voor de professor in 1329 tot een excommunicatie leidde. Ja, de theologie is soms te koop, zeker aan de Sorbonne, spot onze pedaan. En dàt zullen diegenen aan wie God meer wijsheid heeft gegeven, namelijk de geleerde theologen van Leuven, haar verwijten:

> Dees schudden dickwils hunnen kop
> En by haer selven peyzen
> Dat de Theologi te koop
> Is in dit schoon Paleyse. (vss. 461-464)

Kop en *koop* zijn onzuivere rijmen. Een bepaald samengaan van theologie en oorlog is dat ook.

Geraadpleegde literatuur

ALBERTS 1975: A. Alberts, *De Hollanders komen ons vermoorden*. Amsterdam 1975.

BUITENDIJK 1942: W.J.C. Buitendijk, *Het calvinisme in de spiegel van de Zuidnederlandse literatuur der contra-reformatie*. Groningen-Batavia 1942.

DAUWE 1972: J. Dauwe, 'Allegorie op het beleg van Leuven in 1635. Een kopergravure van P. Franchoys'. In: *Arca Lovaniensis*, 1972, 95-105.

DEHENNIN 1999: H. Dehennin (ed.), *E. Puteanus, Sedigh Leven, Daghelycks Broodt (1639), ingeleid, uitgegeven en toegelicht*. Gent 1999.

HOOFT 1977: P.C. Hooft, *Briefwisseling II. 1630-1637*. Ed. H.W. van Tricht. Culemborg 1977.

HUYGENS 1893: C. Huygens, *Gedichten II. 1623-1636*. Ed. J.A. Worp. Groningen 1893.

— 1913: C. Huygens, *Briefwisseling II. 1634-1639*. Ed. J.A. Worp. 's-Gravenhage 1913.

ROMBAUTS 1937: E. Rombauts, *Adriaan Poirters, volksredenaar en volksschrijver.* Z.pl. 1937, 78-79.

SABBE 1933: M. Sabbe, *Brabant in 't verweer. Bijdrage tot de studie der Zuid-Nederlandsche strijdliteratuur in de eerste helft der 17^e^ eeuw.* Antwerpen 1933.

TIENEN 1985: *Tienen 1635. Geschiedenis van een Brabantse stad in de zeventiende eeuw.* Catalogus Gemeentekrediet 1985.

VANDERHEIJDEN 1933: J.F. Vanderheijden, 'De plundering van Tienen en het ontzet van Leuven in 1635'. In: *Tijdschrift voor Taal en Letteren,* 21 (1933), 111-131.

WELKENHUYSEN 1985-1987: A. Welkenhuysen, 'Erycius Puteanus, Heer van Keizersberg, over het beleg en ontzet van Leuven in 1635. Voorstelling, vertaling en aantekeningen'. In: *Loven Boven,* 15 (1985), nr. 3, 10-30; 16 (1986), nr. 1, 16-41; nr. 3, 19-41; 17 (1987), nr. 1, 12-29.

Bijlage

De tekst is uitgegeven naar het exemplaar van de Koninklijke Bibliotheek te Brussel (Recueil de pièces relatives aux Pays-Bas 1635-1636, II, 5060 A, pamflet 15). Alleen het gebruik van de zintekens is gemoderniseerd. Een vroegere druk (de eerste?) berust in de Johannes a Lasco Bibliothek in Emden (D) (sign.: Hist. 8o 1332R, Nr.1 in het convoluut). Deze uitgave heb ik niet gezien. Nagenoeg alle historische gegevens, persoons- en plaatsnamen konden geduid worden aan de hand van Welkenhuysen 1985-1989.

Den ombyt
VANLOVEN.
OFTE
Van de belegeringe der Stadt van Loven/
door den Hollandtschen ende Franschen Legher.

Van den vier-en-twintighsten Iunij, tot den vierden Iulij,
van het Iaer ons Heeren
sesthien-hondert vijf-en-dertigh.

Den vierden druck / verbetert

[vignet]

Wie isser (seght my doch) die oyt verbieden sagh,
Dat een die lacht, het waer u niet bedieden magh.

Den Ombijt
VANLOVEN.

Spel / tusschen eenen Pedaen ende eenen
Boer.

Den Pedaen

Hem, Boer, ick bid u, seght my doch
Wat faem heeft *Prins d'Oraigne,*
Die *Loven* liet en vluchte noch
Nae *Diest,* door vrees van Spaigne?

Den Boer

't Is een Koey-dief in zijn hert,
Een brantstichter van Steden,
Nochtans van 't Frans verovert wert
In schelmerij van zeden.
'tIs waer, hy heeft *Thienen* verbrant,
Haer huysen en haer Kercken,
Maer 't Fransken heeft de vrou vermant,
De maeght verkracht in 't percke.
Is 't dat gy vraeght naer de manier,
Ick schaem my die te zegghen,
By een vrouw saghmen dertigh schier
Ritzigh als honden legghen.
Den Franschman die ontkent dat hy
Dit doet, maer den Hollander,
Maer als den boef en schelm, zy
Verstaen altijts malkander.
Men zeyt dat *Brezé* doen nochtans
Sijn Soldaeten beletten
En daerom de victori gans
Wanhopigh gingh versetten.
Dit tuyghen al ons Dorpen bloot
En ons verbrande Kercken,
Thienjarige dochters vontmer doot,
Waerom kont ghy wel mercken.
O Krijghs-lie van den *Christenstock,*
Ghy *Anti-Christ* gheslachte,
Is dat 't verlos van 't Spaensche jock
Dat ghy van u doet wachten?
Dat Spaensche jock te swaer sou zyn
Dat zietmen nu wel anders,
Aen al dat dertel Fransche schyn
En roovers van Hollanders.

Pedaen

Maer waerom ghingh *Prins Cardinael*
Den vlucht van *Thienen* nemen nu?
Want hier de Walen altemael
Swoeren *Le teste de Dieu.*
Sy waeren tot den strijdt verhit,
En roof van roey Kapotten,
Waer me den Fransman spytigh zit
Op zijn kleyn peert en trotten.
Bij hen elck op zijn braefste leeft.
Om de waerheydt te lijden:
't Schynt oft ghy een gesoden Kreeft
Op den Spieringh saeght rijden.

Boer

Die den loop neemt, en vlucht niet al
Om noch verder te springhen:
Fabius won *Hanibal*
Met wijcken, niet met dringhen.
En als ick onder Meesters was
En noch *pedanizeerde,*
Soo staet my voor dat ick eens las,
Oft van mijn Meesters leerde
d'Histori die in *Florus* is,
In de Punicksche dinghen,
Dat 't schoonste van zijn glori is
Den vijandt soo te ringhen.
Orangne meynt den *Cardinael*
Met twee leghers te hechten
En dwinghen soo door vier en stael
Een teghen twee te vechten.
Maer siet, dit leerkint wirt vermaert,
Heeft zijn Meester bedrooghen
En scheirt hem op zijn Spaens den baert
Ghelijck men ziet met ooghen:
Want siet eens hoe voorsichtigh hy
Pian piano werckten,
Terwyl dat ons *Secours* ter zy
Mocht komen met zijn sterckten.

Maer gy *Pedaen*, en blijft niet stom,
Seght ons 't belegh van Leuven.
Waer is *Brizé* en *Chastillon*
En *Brandt-stichter* ghebleven?
Een ieder hem soo noemen plagh,
Al over derthien jaren, *Anno 1622*
Doen Brabant 't eerste proef-stuck sagh
Van al zijn helsche scharen.
Den naem heeft hy gheconfirmeert
En *Thienen* heeft den zeghel,
Hy doet noch meer als *Rossum* leert
Wel eertyts roovers reghel. [*Anno 1542*
Is 't dat hy dry-mael naest een brant,
Ick vrees den naem sal blijven:
Meynt hy niet dat den *Prins* zijn lant
Met blussen kan doen drijven?
Maer onsen *Prins* die is ghelijck
Een Herder in zijn Schuere,
Maer hy wort met brandt-stichten rijck
En leeft op zijn dagh-ure.
Dit segh ick *per parentesin*,
Ghelijck de groote spreken,
Maer waert ghy niet verbaest van zin
Van al zijn donders trecken?

Pedaen

In 't eerst een weynigh, maer daer na
Gingh ieder daer med' gecken.
Van vijfthien-hondert scheut, wat scha
Heeft hy konnen verwecken
Als de ruin van een quaey muer,
Twee hoofden van twee lieden,
Waer van den eenen van den muer
Quam onse Stadt bespieden?
Voorts een Boerin die liet den gheest
Ter wyl haer koey gingh weyden.
De Minne-broers waren bevreest
Door 't rammelen van leyen.
Nochtans de mueren hier en daer
Sijn wat door-boort met gaters,
By nacht goedt om de muysen naer
Te loopen voor de katers.

Boer

Maer seght wat van de buyten-stadt,
Van de vier batterien,
De vyfd' ontrent 't Calvari pat:
Had het iet te bedien?

Pedaen

De wyngaert-poort was heel ontlet,
Maer weynigh aen-gheleghen,
Want binnen was zy wel bezet
En dry-mael stercker teghen.
S'en konnen in menighen dagh
Den Toorn niet doorschieten
Die teghen 't Kriecken-hof aen-lagh,
Veel minder noch vernieten.
Wat wonders, en 't geloof dat staeckt
Op 't ghen' men my vermaende:
De poort is achter 't oor gheraeckt
Naer Mechelen toe-gaende.
Om voorts gheen moeyt verloor te doen,
Soo hebben sy mits desen
Verloren-kost oft tot rantsoen
Oft totter doodt verwesen.
Sy hebben op het blacke veldt
Een Battery gaen maken,
Die hem naer langh en groot ghewelt
Sloegh twee tand' uyt zijn kaken.

Boer

Wat volck was in de stadt soo fyn
Die hun soo fraey beletten?
Daer moester al veel duysent zijn
Om rondtom te besetten.

Pedaen

Grobbendonck was Gouverneur,
Oudt, vaillant personage,
Als Bosch liet onder hem zijn fleur,
't Ghebreck dwongh zijn courage.
Hy heeft vermeerdert al zijn eer
Den *Wymaer* overwonnen.
Porphyrius had hy wel eer
Een weynigh in begonnen,
Maer nu als hy daer ver in was,
Hy vont daer naer veel lesen
Hoe dat daer zijn party wel ras
In brodio kon wesen.
Vier Regimenten in 't ghetal,
Vier duysent man monteerde;
Ribaucourt, Emden, Wezemael
En *Preston* die regeerde.
't Zijn ou Soldaten onder een,
Duytsch en Hoogh-duytschen t'zamen,
Prestons Soldaten zijn alleen

Wat jongh, maer fraey van namen,
Want *gretge gretge* roepen zy,
Couragie is 't te segghen;
Sy zien den vijandt gher'n by,
En 't perijckel noyt ontzegghen,
Principalijck daer zy d'eer
Van Godt soo sien vertreden
En ligghen voor de beesten neer
Teghen natuer en reden.
'Zijn goey Soldaten (zonder spot)
Al gaen zy wat doorluchtigh.
De Stadt die maeckte met den pot
Haer arremoed' wel kluchtigh.
Wy saghen dat *Preston* hun hier
Een les gaf en soo porden:
Mijn kinders volght dese manier
Om een Soldaet te worden.
Hier op leydt hy zijn wambas neer,
Neemt in d'een handt den deghen,
In d'ander een poignaerts gheweer
En sprongh in 's vijandts weghen
En sloegher daer met hoopen doodt.
Sijn Irkens van ghelijcken
Vielen aen 't werck; kleyn ende groot,
Niemandt wou d'eerste wijcken.
De Walen zijn als Leeuwen vreet,
Den Vlamingh van ghelijcken,
De Duytschen staen als muren breet
Eer sterven als te wijcken.
De Borghers en Studenten t'saem
Oock de Religieusen,
Die droeghen aerd' met hoopen aen
En schoten op de Geusen,
Want zy-lie met hun oudt gheweer
Alsoo argumenteerden:
Het Fransken riep *A moy* mijn Heer,
A toy zy repliceerden.
Den Capiteyn van de Scholiers
En Lovensche Studenten
Was *Monsieur Robles* Cancelier,
Die oock soo parlementen.
Den Ir die speelde met de kaert,
Den Wael die zongh en dansten,
Den Duytsch heeft den *moes*-pot bewaert,
Daer al zijn hert naer lansten.
In dees gheheel belegheringh
Zijnder ontrent ghebleven
Dertigh, maer in den vijandts ringh
Sijn duysende gaen sneven.
Dat weet Ter-banck en Hever al
En den Calvari-bergh
En daer den Franschen *Hanibal*
Lagh: Diependael en Roesselbergh.
Orange die wat dieper zagh,
Gingh hem naer 't water stieren:
In Herent d'amonitie lagh,
In Bethlem 't keucken-viere.
Hy had het vier-kant opghemaeckt,
Gheweldigh groot in spatie,
't Schijnt oft zijn wooning was gestaect
Noch tot *Purificatie*.
De keuckens en de kelders zy
Aerdigh ginghen vercieren
Om met *Antwerpens* hoogh ghety
Te legghen 't *Delfs* biere.
En maeckten d'ovens metter daet
Om Zoete-koeck te backen
Voor 't nieuwe jaer, die s'over straet
Al gapende gaen sacken.

Boer

Maer waerom als hy *Brussel* sagh
Gingh hy naer *Loven* loopen?
't Was beter op 't Hof zijn ghelagh
Als in een school te koopen.

Pedaen

Daer zijn dry reden zeer bastant
Waerom dat hy gingh schueren:
Hy quam een beevaert doen in 't landt
t' *S. Huybrecht* in *Ter-vueren*.
't Ghebedt dat hy daer storten quam
Branden de Kerck in 't ende,
't Kasteels cieraet hy met hem nam,
De *Capucintkens* schenden.
Soo 't *Pater Joseph* weten kon
Sou op zijn tanden byten
En hun aen Koningh, *Castillon*
Van Roovery verwyten.
De andere segghen looser dat
Hy maer te *Loven* peysde
Met zijnen sleyp t' onbyten wat
Eer zy naer Brussel reysden.
Want zoo was van dees Meesters koen
Tot Thienen raedt ghehouden
Dat Brussel was voor haren noen,
Loven ontbyten souden.
Antwerpen was den avont-weert
(Is 't dat ick wat kan gissen),
Maer rekeninghe sonder weert

Ziet-men seer dickwils missen.
 Die voor-noens wel ontbyten wil
(Is 't dat hy 't wil ghelooven),
Die moet daer Brussel laten stil
En trecken weer naer Loven.
 Thien dagen lagh hy daer gestaegh
En gheen ontbyt en kreghen.
Hollandsche boter in zijn maegh
Zou soo swaer niet weghen!
 Den *Syllogismus* maeckten wy
In Firio met hoopen,
Festino was Brussels ghety,
Ba-Rocco viel in 't loopen.
 De derde reden seyt-men me
(Ghelijck-men oock kan rayen)
Dat den *Prins, Castillon, Brize,*
Had haet op Malleraie:
 Want desen regeert den Canon
En schijnt wel te ghelijcken
Een die-men noemt de *Balançon,*
En hoeft in niet te wijcken,
 Behalven dat m'hem vlieden siet
't Gheloof te deffenderen,
Noch heeft soo harde beenen niet
Om die te hasarderen.
 Wat *Academie* hem den naem
Grand Maistre heeft ghegheven
En weet ick niet, noch hoe de faem
Op hem dus heeft ghebleven.
 De ander dry die meijnden oock,
Doen sy Loven maer saghen,
Dat sy-lie licht den Meesters rock
Te Bamis souden draghen.
 Hier om dan op den S. Jans dach
(Den dach van avonturen)
Quam hun-lie heyr met trommel-slagh
Op Loven recht-aen stueren
 En quamen vanden Krieckelaer
Al naerder approcheren
En met een spronghen meynden sij daer
Zoo strackx te promoveren.
 Wij argueerden metter daet
Dat ons Academie
De *Doctors sub camino* haet
En wy den spronghen verbi'en.
 't En waer dat hy eerst stelde voor
Act van *determinanti:*
Van *Beanismum* oft *Doctor,*
Van *Coln* een quitanti.
 Haer schup die *Hal* doen maken most
Daer zy in scholen laghen,
Die staen wou gaf *Verloren-kost*
Een argument oft slaghen.
 Dees menschen waren noch so mal,
's En wisten noch gheen wetten
En feesten hun *droogh acte* al
Die volghen moet twee vetten,
Want die wel wettigh soeckt den naem
Van *Baccalaureatus,*
Die moet eerst *Currens* zijn bequaem
En daer na noch *Formatus.*
 Den reghel was (Godt zy gelooft)
Seer spaerlijck van hun eten
En drincken heeft haer noyt het hooft
Beswaert om niet te weten.
 Maer sy zijn bot, zij moesten noch
College-bier gaen drincken,
(Dat Kuyt heet), 't heeft soo soeten locht,
En sal 't verstant niet krincken.
In't *Vercken* is't insonder goet,
In *Castro* wat en vetten,
Dat *Lelies* als een toet-steen soet,
Des *Valcks* soud' u zeer letten.
 Maer nu recht op den vijfden dagh
Sonden den Graef *Stiron*
Om vraghen oft hy worden magh
Doctoor in 't rechten van Canon.
 Het scheen oft in zijn argument
Den Duyvel was gheseten,
Hij maeckten 't *Sillogismus* endt
In *Dabitis* te weten.
 Wy antwoorden hen op zijn schots.
Den Rectoor sprack met reden:
Men handelt hier met ons soo trots
Niet, maer eerlijck en met vrede.
 Wilt ghy worden Licentiaet
Soo is 't voor al van noode
Dat u Pedel naer *Thienen* gaet
Om vrienden gaen te nooden.
Sij kosen doen liever te zyn
Den vierden dagh van Julius
Met minder moeyten ende pyn
Een *Currens* Baccalaureus.
 Men meynt dat 't was om eenig quaet
Van Orange te schutten,
Vreesende oft dat Duydtsche saet
De *Dyl* wel moght uyt-putten,
 (Want dit ontrent *S. Iobs* poort lagh)
Om hun sop te begieten
En saghen dat dien heeten dagh
Hun doodlijck sou verdrieten.
 Maer die wat neus heeft ruckt wel ree

Dat het daer al heel anders gingh,
Want *Orange* seyd' aen *Brezé*
En *Castillon* een ander dingh.
Messieurs, wy hooren hier voor vast
Van ons eyghen Soldaten
Dat by ons komen wil te gast
Den duyvel van Croaten.
Picolomini, ick beter vindt
Dees Pedeanen te laten,
Want soo *Isolani* beghint
Hy eet al ons Soldaten.
Maer wacht ick sal mijn Pedagoogh,
Mijn Heeren Staten soecken.
Siet toe, ziet toe zy zijn in 't oogh,
Al slafferment zy vloecken.
Nu metter haest haes-op *Stirom*,
En wacht gheen raedt noch *Staten*,
En retireert stracks u *Canon*,
Oft ghy moet 't al verlaten.
Den brant is nu al in ons Scheur,
Floecx brandt al ons baracken,
Dees studie valt my veel te suer
En doet mijn broeck vol kacken.
Want soo iemant dees menschen kent
Als zy winnen 't zijn Leeuwen,
En oft wy wonnen in het endt,
Wat is't? sy zijn als Spreeuwen.
Die vluchten sterck en seer snel.
Sy vluchten dan naer *Thienen;*
Maer na mijn duncken mocht hy wel
Een *brodium* verdienen.
Want heeft hy nu soo quaeyen naem,
Wat sal hy doen in 't leste?
Dan komt de [swaerste?] *Act* noch aen,
't Is ergher als de peste.
Want soomen hem den steert af-snyt,
Waer gaen dan al ons Fransen?
Naer Calis? neen, op d'ander zyd',
Daer ligghen Duytsche Hansen.
Die wachten hun. Den *Honger* by
Moguntien heeft orden
Door Vranckrijck ons te komen by
En doen haer Duytschen worden.
Pere Ioseph à la garde de Dieu,
Le Cardinal le mesme,
Et il faut que son Richelieu
Se change de Baptesme.
Hy heeft de Kerck langhe noch
Doen rooven in dees landen,
Die 't al ziet met zijn Godlijck oogh
Heeft noch zijn rechters handen.
Ghy Sorboonsche Doctoors gheloof
Uws heyrs die *Bicht-trompetten*,
Absolveert ghy den Kerck-roof
En hun infaem opsetten?
Wie is doch uwen Casuist,
Die toe-laet dese wercken,
Dat Brizé wel-doet daer hy mist
Teghen Godt en zijn Kercke?
Ick laet het *Castillon* noch toe,
Qui à seul Dieu confesse,
En is van penitentie moe,
Se mocque de la Messe.
Maer onsen Academi-stoel
Gheeft ghy-lie aen *Calvinus*,
En dolft de waerheydt in den poel,
Die ons leert *Augustinus.*
Ghy antwoort: dat komt by gheval
En buyten ons intentie.
Ghy-lie sult voor den *Du* (hola) al
Vaten door impatientie.
Had ick het by-na uytgheseydt!?
Want teghen alle reden
Wilt ghy-lie door u traiters feyt
Hier Spaigne gaen vertreden.
Den Spaignaert is den rechten Heer
Van Neder-landt in 't ronde,
Ghelijck ons de Historie leert,
Den bandt, den dagh en stonden.
Nu zeght ghy: ghy zijt een *Pedaen*,
Dit gaet u wat te boven,
Dit gaet *materi van staet* aen,
Daer zijt ghy eenen dooven.
Men weet wel datter seker is
Een staets Philosophie,
Maer ick en ben gheensins ghewis
Van een Theologie.
Seght my daer een in 't Christenrycks
't Is *Occam* na mijn raeyen,
Die eertyts Keyser *Lodewyck*,
Oock van de zelve draeyen
Den Paus een web geweven heeft.
Dit weten wy *Pedanen*: [*Papa Ioannes*
En 't kindt dat achter strate leeft
Gaet al u gril vermanen.
Maer gheeft u glori aen den Heer,
En wilt gheen waerheydt sparen,
Om dat *Richelieu* heeft de eer
Van u-lie te bewaren.
Oft Sorbona ghetimmert heeft
Soo veynst-men al dees saken,
Maer die Godt meerder wijsheyt geeft,

Gaen u-lie wercken laken.
Dees schudden dickwils hunnen kop
En by haer selven peyzen
Dat de Theologi te koop
Is in dit schoon Paleyse.

Parcite, nam calamis nisi fundimus atramentum:
Effundunt nostram spicula vestra animam.

V.A.L.C.L.

Tekstverklaring

Titel *ombyt*: ontbijt; *magh*: kan; *pedaen*: student aan een pedagogie? Of (minder waarschijnlijk) docent?

1 *Hem*: hm (aandachttrekkend tussenwerpsel).

2 *Prins*: Frederik Hendrik van Nassau (1584-1647), prins van Oranje en stadhouder.

4 *Nae*: naar.

6 Toespeling op de gehate brandschattingen die Frederik Hendrik in 1622 in Brabant organiseerde. Zie vss. 77-80.

7 *verovert*: overtroffen.

9 *Thienen*: de verwoesting van Tienen was Frederik Hendriks recentste oorlogsdaad.

11 *vermant*: overmand.

12 *'t percke*: strijdperk.

16 *Ritzigh*: geil.

17 *hy*: (met klemtoon). De Hollander zou dat namelijk doen, niet de Fransen.

21 *Brezé*: Urbain de Maillé (1584-1647), markies van Brézé, maarschalk van het Franse leger, schoonbroer van kardinaal Richelieu; *dat*: dat het; *doen*: toen.

22 *beletten*: belette.

24 *Wanhopig*: bevreesd; *versetten*: verplaatsen (naar de dorpen, zie v. 25).

29 *van den Christenstock*: van christelijke afkomst.

32 *wachten*: verwachten.

33 *Dat*: dat het.

35 *dertel*: overmoedig

37 *Prins Cardinaal*: De kardinaal-infant Ferdinand (1609-1641), broer van Filips IV, sinds 1634 gouverneur-generaal van de Spaanse Nederlanden en opvolger van Aartshertogin Isabella.

39-40 Want de Waalse huurtroepen in dienst van de Kardinaal Infant hadden gezworen – *Le teste de Dieu* – dat ze de Fransen zouden verjagen.

42 *roey Kapotten*: rode mantels.

43 *me*: mee; *spytigh*: grimmig.

44 *trotten*: draafde.

45 *hen*: de Fransen; *op zijn braefste*: op zijn parmantigst.

46 (En) om de waarheid toe te geven.

47 *gesoden*: gekookte.

48 *Spieringh*: kleine doorschijnende vis (connoteert magerheid; vergelijk de uitdrukking 'zo mager als een spiering').

49-50 Wie wijkt, vlucht niet ten volle om namelijk terug te springen (reculer pour mieux sauter).

51 *Fabius*: zijn tactiek om geen slag te leveren maar Hannibal af te matten, bezorgde hem de bijnaam 'Cunctator'.

52 *dringhen*: in bedwang houden.

54 *pedanizeerde*: op de universiteit of de Latijnse school was. De voorstelling van een boer die gestudeerd heeft, is ongewoon.

57 *Florus*: bedoeld zijn de *Epitome* van de Romeinse geschiedschrijver Annius Florus (midden 2e eeuw).

58 In het gedeelte over de Punische Oorlogen.

59 *zijn*: Fabius'.

60 *ringhen*: ringeloren, bedwingen.

61 *meynt*: heeft de intentie.

62 *twee leghers*: namelijk het Hollandse en het Franse; *hechten*: vast te klemmen.

63 *dwinghen*: hem dwingen.

65 *leerkint*: De Infant was pas 26 jaar oud en werd in de Hollandse pamfletten vaak spottend 'het kind' genoemd. Vergelijk het Spaans 'Infante': kind, prins. Zie Sabbe 1933, 364.

66 *Meester*: de gevierde militair Frederik Hendrik.

67 En is hem op zijn Spaans de baas.

70 *Pian piano*: langzaam.

71 *Secours*: de hulptroepen uit Duitsland onder bevel van Ottavio Piccolomini.

74 *Seght*: vertel.

75 *Brizé*: zie v. 21; *Chastillon*: Gaspard de Coligny, maarschalk van Châtillon (1584-1646), Frans bevelhebber.

76 *Brandt-stichter*: Frederik Hendrik. (Zie ook v. 6).

77 Ieder placht hem zo te noemen.

81 *naem*: namelijk van brandstichter.

82 En Tienen draagt er het (brand)merk van.

83 *Rossum*: De krijgsheer Maarten van Rossum die in 1542 plunderend door Brabant trok. Op 2 augustus van dat jaar overviel hij Leuven, maar de ambachten en de studenten wisten de aanvallers te verjagen.

84 *reghel*: leer, norm.

85 *naest een*: na elkaar; geuit wordt de veronderstelling dat Frederik Hendrik, na de inval van 1622 en de inname van Tienen nu een derde keer brand zal stichten, namelijk te Leuven.

86 *ik vrees*: ironisch.

87 *meynt hy niet*: oordeelt hij niet.

88 *doen drijven*: redden.

91 *hy*: Frederik Hendrik (tegenover *onze* vorst, v. 89).

92 *op zijn dagh-ure*: van zijn dagloon.

93 *per parentesin*: tussen haakjes.

96 *donders trecken*: schietlisten.

99 *scheut*: kanonschoten.

101 *ruin*: puin; *quaey*: in slechte staat verkerende.

103-4 Op grond van een deviesplaatje dat in zijn buidel werd gevonden, werd de gedode man voor een spion gehouden (zie Welkenhuysen / Puteanus, 1987, 1, 26-27).

107 *Minne-broers*: minderbroeders.

108 *leyen*: dakleien. Leuven liep weinig schade op omdat het zo uitgestrekt en los bebouwd was.

109 *gaters*: gaten.

111-2 's Nachts goed voor de katers om de muizen te achtervolgen.

113 *buyten-stadt*: de stad buiten de muren.

114 *batterien*: geschutstellingen.

115 *'t Calvari pat*: het pad liep naar de Calvarieberg even buiten de Vilvoordse of Wyngaert-poort

(nu de Brusselse poort). Het heiligdom vormde het eindpunt van een kruisweg die bij de Sint-Jacobskerk vertrok.

117 *ontlet*: uiteengerukt.

118 *Maer*: maar daar was.

119 *bezet*: door een achter de poort opgeworpen versterkte dam (retranchement).

120 En daardoor driemaal sterker.

122 *Toorn*: toren.

123 *'t Kriecken-hof*: gebied tussen de Vilvoordse (thans Brusselse) poort, die ook Wijngaardpoort werd genoemd en de toenmalige Brusselse poort (nu de Tervuurse poort).Vergelijk v. 293.

125 *staeckt*: steunt.

126 *vermaende*: vertelde.

127 *oor*: het uitstekend deel van de constructie.

128 de Mechelse poort.

130 *mits desen*: daarom.

131 *Verloren-kost*: naam van een uitkijktoren aan de Noordelijke stadsrand tussen de Mechelse en de Vilvoordse of Wijngaardpoort. De toren werd in 1462-69 door Matthijs de Layens in witte zandsteen opgetrokken, wat de Leuvenaars verloren geld (*kost*) vonden; *rantsoen*: buit.

133 *blacke*: open.

135-6 die hem tweemaal trof.

137 *fyn*: goed.

138 *hun*: de belegeraars.

140 *rondtom*: (de wallen) rondom.

141 *Grobbendonck*: de stadsgouverneur Anthony Schetz baron van Grobbendonck, vroeger gouverneur en dapper verdediger van 's-Hertogenbosch, dat in 1629 in de handen van Frederik Hendrik was gevallen.

144 Overwon de ellende zijn moed.

146 *Wymaer*: Bernard van Sachsen Weimar; hij nam deel aan de belegering van 's-Hertogenbosch en de slag bij Nördlingen.

147 *Porphyrius*: schrijver-filosoof uit de school van Plotinos (234-304); wellicht is hier bedoeld zijn *Liber universalium*, een veel gebruikte inleiding tot de Categorieën van Aristoteles, het eerste boek waarmee de beginnende student in de Artes werd geconfronteerd.

151 *party*: tegenpartij.

152 *In brodio*: in verwarring? 'brodium' (letterlijk: soep) is studententaal.

154 *monteerde*: bracht hij in stelling.

155 *Ribaucourt*: Jan Koenraad van Aubertmont, heer van Ribaucourt en een neef van Grobbendonck; *Emden*: Adolf Einholz van Emden; *Wezemael*: Lancelot van Grobbendonck, zoon van Anthony.

156 *Preston*: Thomas O' Preston, viscount Tara, Iers edelman; *regeerde*: nam over die troepen het bevel waar.

158 Emden leidde de Duitsers, Ribaucourt en Wezemael de Walen, Preston de Ierse rekruten. *Duytsch*: Zuid-Nederlanders.

161 *gretge gretge*: strijdkreet van de Ieren (moed, moed!).

163 *gher'n by*: graag in de nabijheid.

164 *'t perijckel...ontzegghen*: het gevaar weigeren aan te gaan.

165 *Principalijck*: voornamelijk; *daer*: waar.

166 *vertreden*: vertrapt.

167 En voor de beesten gegooid.

170 *doorluchtigh*: hier tevens ironisch voor arm (luchtdoorlatend)?

171 *pot*: (bier)kruik.

172 *kluchtigh*: vrolijk.

174 *porden*: aanporde.

177 *wambas*: wambuis.

179 *poignaerts gheweer*: korte degen, dolk.

180 *weghen*: de approches die de belegeraars aan het delven waren.

184 *d'eerste*: als eerste.

188 *sterven*: sterven ze.

191 (ter versterking van de wallen).

193 *gheweer*: wapentuig.

199 *Robles*: François-Jean de Roblès, sinds 1634 proost van de Sint-Pieterskerk en kanselier van de Universiteit. De kanselier kende de graden toe en verleende aan de gepromoveerden het recht om te onderwijzen. Roblès leidde de studentenmilitie. Hij zou in 1654 bisschop van Ieper worden.

200 *parlementen*: te keer ging.

203 *moes-pot*: groentenpot; *bewaert*: gepast op of 'warm gehouden'?

204 *lansten*: verlangde; met woordspel: een 'lanst' is een landsknecht.

209-15 De Fransen waren gelegerd in Terbank, Heverlee, op de Calvarie (zie v. 155), in Diependaal en op de Roeselberg. Dat laatste is blijkbaar niet juist. Daar en aan de Dijle lagen de Staatsen.

211 En Diependaal en de Roeselberg waar de Franse Hannibal lag.

213-6 Oranje die wat lager keek, ging bij het water kamperen.

216 *Bethlem*: de priorij van de Reguliere Kanunniken van de H. Augustinus in de wijk Oosterem (nu Herent).

219 *gestaect*: tot stand gebracht.

220 *Purificatie*: Lichtmis (2 februari). Feest van de universiteit.

222 *vercieren*: inrichten.

223 *Antwerpens hoogh-ghety*: Antwerpens hoogdag of 15 augustus, feest van de opneming ten hemel van Maria (vergelijk v. 220).

224 *Delfs*: Delfts.

225 *maeckten...metter daet*: en maakten de ovens meteen klaar. De verzen 221 e.v. zijn een ironische zinspeling op het gebrek aan drank en brood bij de belegeraars.

228 *gapende:...sacken*: heftig verlangend in de zak gaan steken.

231 *Hof*: het hof te Brussel; *ghelagh*: feestmaaltijd.

232 *school*: de Leuvense hogeschool.

233 *bastant*: voldoende.

234 *schueren*: schuilen, hier: zich in een bolwerk ging vestigen.

236 In Tervuren werd Sint Hubertus vereerd, patroon van de jagers en beschermer tegen de razernij.

238-40 De kerk, het kasteel en het kapucijnerklooster van Tervuren hadden in 1635 veel te lijden van de Hollandse en Franse troepen, die met het oog op proviand het Zoniënwoud en omstreken onveilig maakten.

241 *Pater Joseph*: De kapucijn (!) Père Joseph (François Leclerc du Tremblay), de 'Eminence grise' genaamd, vriend en raadsman van kardinaal Richelieu.

242 zou knarsetanden.

243-4 En hen (de troepen) alsook Châtillon bij de Franse koning van roverij beschuldigen.

245 *looser*: schalkser.

247 *sleyp*: gevolg.

248 Het hoofddoel van de veldtocht was Brussel, maar omdat de kardinaal-infant daar fel op zijn hoede leek, werd naderhand besloten Leuven in te nemen.

251 *noen*: middagmaal.

252 En dat ze te Leuven ontbijten zouden.

253 Antwerpen zou 's avonds de waard zijn.

255-6 Maar er is geen rekening zonder waard!

261 *gestaegh*: standvastig (ironisch).

262 En ze kregen geen ontbijt.

265-8 Op het eerste gezicht zouden deze in een broddelmengtaal geschreven verzen kunnen betekenen: *redeneringen* (over de actie van de Hollanders en Fransen tegen Leuven) maakten wij tijdens het vuren (*in firio*) met hopen; dra (*festino*) was het te Brussel etenstijd; hij (de Prins en zijn leger?) viel in de vlucht (*in 't loopen*) in duigen (*brokken, Ba-Rocco*). In feite maakt de pedaan gebruik van mnemotechnische termen uit de scholastieke syllogismenleer. Collegetaal dus.
Festino: is het geheugenwoord voor de derde van de vier mogelijkheden van de tweede syllogismenfiguur, hier namelijk een universele negatieve premisse (E), een bevestigende minor (I) en een particuliere, negatieve conclusie (O).
Ba-Rocco is eveneens een mnemotechnisch woord om een modus van de tweede figuur te onthouden. Deze bestaat in de major uit een universele affirmatieve premisse (A), terwijl de minor (O) en de conclusie particulier en negatief zijn (O).
In ferio (firio): vierde modus van de eerste figuur.

271 *Had haet op*: nijdig waren op; *Malleraie*: Charles de la Porte, hertog van La Meilleraye, neef van Richelieu, was op 17 april *mestre de camp* van een artillerieregiment geworden.

273 *Canon*: de artillerie.

275 *Balançon*: Claude de Rye Balanson, artilleriecommandant van de Spaanse troepen.

276 *niet*: niets; *te wijcken*: (voor hem) onder te doen.

277-8 *vlieden*: vluchten; de Franse hertog stond immers in dienst van een protestants leger.

279 *soo harde beenen niet*: als die van Balanson namelijk.

280 *hasarderen*: in het gevecht bloot te stellen.

282 De Meilleraves militaire titel (*mestre de camp*) wordt hier spottend academisch geïnterpreteerd.

284 Hem zo ten deel is gevallen.

287 *den Meesters rock*: Dat Frederik Hendrik, Brezé en Châtillon eigenlijk te Leuven wilden promoveren, is een geliefd thema in de spotliteratuur rondom het beleg van Leuven. Het gaat hier om het magisterschap dat na het behalen van de licentiaatstitel werd toegekend.

288 *Te Bamis*: op Sint Bavo (1 oktober), bij het begin van het nieuwe academiejaar.

289 *Op den S. Jans dach*: op de feestdag van de geboorte van Sint Jan de Doper (24 juni). Volksfeest bij de zomerzonnewende. De aanvang van de belegering.

290 *avonturen*: waagstuk.

293 *Krieckelaer*: zie v. 123.

294 *approcheren*: militaire term. Het via gangen en schansen benaderen van een belegerde stad.

295 *met een sprongh*: kort bezoek, springreis.

299 *sub camino*: onderweg. Bedoeld zijn diegenen die even in een universiteitsstad langskwamen om zonder noemenswaardige prestatie (tegen betaling) een titel te behalen.

300 *sprongh*: overgang, promotie.

301 *Act van determinanti*: een tentamen één jaar voor het baccalaureaatsexamen af te leggen waarbij de student tijdens een openbare discussie de vragen van zijn professoren over filosofische stellingen moest beantwoorden. Iets dergelijks suggereert de tekst voor het doctoraat.

301 *Beanismum (?)*: Lezing onzeker door papierbeschadiging. Het woord lijkt een verbastering van *beanissimus*, superlatief van *beanus*, Latijn voor een jonge, onwetende student; groentje.

304 Een verklaring dat iemand aan een verplichting heeft voldaan, gegeven door de Universiteit van Keulen.

305-6 Hun schop moest toen de hal maken waar zij colleges volgden. Zinspeling op de schanswerken en loopgrachten van de belegeraars.

307 *staen*: tegenover *laghen* (v. 306); *Verloren-kost*: de eenheden van de Universiteit hadden postgevat bij deze uitkijktoren (zie v. 131) vanwaar zij de vijand heftig beschoten.

309 *noch soo mal*: nog zo idioot.

310 Ze kenden de reglementen niet; of: ze waren nog niet genoeg gevorderd in de kennis van het recht.

311 *feesten*: vierden; *droogh acte*: ('actus siccus'?), het baccalaureusdiploma? Een zinspeling op het uiteindelijk fatale tekort aan drank bij de belegeraars. Kan een aanduiding zijn voor een ad fun-

dum-drink; vergelijk het Franse 'cul *sec*'.

312 Die moet volgen op twee *vetten*, feestpartijen of vaten (?), te drinken bij het slagen in de twee proeven die tot de titel van baccalaureus leiden.

315-6 Vooraleer een *baccalaureus formatus* te worden, wat toegang gaf tot het licentiaatscurriculum, werd de student eerst een *baccalaureus cursor* of *currens* (in opleiding). Dat laatste is met het oog op de vlucht van de belegeraars wel zeer toepasselijk.

317 *reghel*: reglement.

318 *spaerlijck van*: terughoudend over.

317-20 Ironisch over de voedselschaarste bij de belegeraars. Feesten was er voor hen niet bij.

321 *bot*: zinspeling op de uitdrukking botte (onbeschaafde, domme) Hollander?

322 *College-bier gaen drincken*: ook: in de pedagogieën de 'artes' studeren.

323 *Kuyt*: biersoort.

325 *In 't Vercken...*: In de pedagogie van het Varken is het collegebier bijzonder goed.

326 *In Castro...*: In de pedagogie van de Burcht is het wàt goed, lekker, voedzaam.

327 *Dat Lelies...*: Dat van de pedagogie van de Lelie is zo lekker als een toet-steen (een lekkernij?) of is het zo stevig, hard als een steen, meer dan degelijk dus.

328 *Des Valcks...*: Dat van de pedagogie van de Valk zou u zeer veel moeite geven (zo degelijk zijn daar de colleges).

330 *Stiron*: graaf Herman Otto van Limburg en Bronkhorst, heer van Stirum, kolonel van een Staats regiment.

331 Doctor in het richten van het Canon (zinspeling op het doctoraat in het kerkelijk recht). Bedoeld is een felle beschieting van de stad.

335-6 *Dabitis* is weer een geheugenwoord voor een soort syllogisme: de zevende modus van de eerste figuur bestaande uit een universeel affirmatieve majorpremisse (A), een particulier affirmatieve minor (I) en een particulier affirmatief besluit (I). De betekenis 'gij zult geven' vertolkt het gewelddadige en eisende optreden van Stirum, die de stad wil nemen.

337 *op zijn schots*: ruw.

338 *Den Rectoor*: op dat moment Antoine Dave.

343 *Pedel*: universiteitsdienaar. Hier: de pedel van uw faculteit.

344 Maar daar hebben zij geen vrienden (meer).

348 De *baccalaureus currens* (zie v. 315) wordt hier spottend geïnterpreteerd als een 'weglopende' baccalaureus.

350 *schutten*: weren. Er was een groot gebrek aan drank en voedsel bij de door ziekte geteisterde Hollandse en Franse troepen. Men vreesde dat zij de Dijle zouden leegdrinken.

351 *Duydtsche saet*: de Hollanders.

353 Want zij bevonden zich in grote ellende.

354 Om hun broodpap te begieten.

357 *ruckt*: ruikt.

358 Er is namelijk een andere reden voor de aftocht dan honger, dorst en ziekte.

361 *vast*: zeker.

365 *Picolomini*: de alom gevreesde Kroatische ruiters vormden de voorhoede van de Duitse hulptroepen, die onder leiding van generaal Ottavio Piccolomini, één van de grote generaals uit de Dertigjarige Oorlog, de kardinaal-infant ter hulp snelden. De naam van de Italiaan klinkt hier als een weeklacht.

366 *Pedeanen*: de Leuvense leermeesters.

367 *Isolani*: de geduchte krijgsheer Giovanni Ludovico graaf van Isolani, bevelhebber van de Kroaten, die zijn diensten verhuurde aan Piccolomini.

368 *eet*: verslindt.

369 *mijn Pedagoogh*: klemtoon op *mijn*.

370 *Staten*: de Statenvergadering in 's-Gravenhage.

371 *Zy*: de Kroaten.

372 *slafferment*: slapperment, bastaardvloek (Sacrament).
373 *haes-op*: op de loop. Zinspeling op het gelijknamige pamflet?
377 *Scheur*: kamp.
378 *Floecx*: dadelijk.
379 *Dees studie*: te Leuven namelijk.
381 *dees menschen*: de Hollanders. De pedaen spreekt weer in eigen naam.
386 *Thienen*: vanwaar zij kwamen.
388 *brodium*: hier wellicht 'brood' of soep; studententaal voor broddelwerk?
391 *[swaerste?]*: in de tekst *soboarste*, zetfout; *Act*: proef, examen.
393 *steert*: achterhoede.
395 *Naer Calis*: naar de drommel.
396 *Hansen*: bijnaam voor Duitsers.
397-8 *Den Honger by Moguntien*: De Hongaren (keizerlijke troepen) gelegen bij Mainz, waar de Fransen en Zweden op dat ogenblik in grote nood verkeerden.
399 ons via Frankrijk komen bijstaan.
400 *haer*: de Fransen. Het gebied dat in handen was van Richelieu wordt weer Duits.
401-4 God beware père Joseph (zie v. 241) met de kardinaal: zijn Richelieu moet van doopsel (geloof) veranderen. Dat de katholieke Fransen, sinds 19 mei 1635 in oorlog met Spanje, al langer de Hollandse calvinisten en de Duitse protestanten steunden, zat de met Spanje loyale Zuid-Nederlanders bijzonder dwars.
405 *Hy*: Richelieu.
408 Kan nog recht spreken.
409 *Sorboonsche Doctoors*: doctores van de Sorbonne. Om hun vreemde politiek te legitimeren hadden Lodewijk XIII en Richelieu aan Besian Arroy, doctor van de Theologische Faculteit van de Sorbonne, de opdracht gegeven de Frans-Hollandse alliantie te verdedigen. Het pamflet verscheen in 1634 (*Questions discutées sur la justice des armes des Rois de France, sur les alliances avec les hérétiques ou infidèles et sur la conduite des gens de guerre*). Het werd in 1635 verontwaardigd tegengesproken door Jansenius' *Mars Gallicus seu de justitia armorum et foederum regis Galliae*.
409-10 Geloof de biechttrompetten van uw leger; *Bicht-trompetten*: de trompetten van het Franse leger; biechten zijn misdaden, met een zinspeling op de toop van de 'bochtige trompetten van de faam'.
412 *infaem opsetten*: schandelijke voornemens.
413 *Casuist*: moraaltheoloog.
415 *Dat*: (en toelaat) dat; *weldoet daer hij mist*: correct handelt waar hij dwaalt.
417 *Ick...toe*: ik geef het Châtillon nog toe. Deze Franse maarschalk was een hugenoot.
421 *Academi-stoel*: Leuven.
423-4 En begraaft de waarheid die Sint Augustinus ons leert in de hel.
425 *by gheval*: door omstandigheden, toeval.
427 *Du (hola)*: duivel; het gevaarlijke woord is net niet uitgesproken. Vandaar: hola.
428 *Vaten*: pakken.
429 Slaat op vers 427.
431 *traiters feyt*: verraad.
432 *vertreden*: onder de voet lopen.
433 *rechten*: rechtmatige.
440 *dooven*: onwetende, onbevoegde.
443-4 Maar ik weet niet dat er een staatstheologie bestaat.
445 *Seght mij*: (dat) leert mij.
446 *Occam*: de theoloog Willem van Ockham (1285-1347) die in de discussie omtrent de franciscaanse armoede Keizer Lodewijk IV van Beieren fel steunde in diens strijd tegen paus Johannes XXII en op deze wijze een voorbeeld biedt van wat de Fransen nu doen: de godsdienst aan het staatsbelang opofferen. Ockham werd in 1329 geëxcommuniceerd.

451 *achter straat*: langs de straat.
452 *gril*: vreemd gedrag; *vermanen*: verkondigen.
456 Van u, doctoren van de Sorbonne, te beschermen.
457-8 Men doet het voorkomen alsof de Sorbonne het (d.i. de Franse politiek) heeft bedacht.
459 Maar die door God meer wijsheid zijn gegeven.
464 *Paleyse*: de Sorbonne of het Frans Koninklijk Paleis?
Parcite...animam: Latijns distichon (gericht tot de vijand). 'Wacht u, want wij vergieten niets dan inkt met onze pennen. Uw spiezen doen ons bloed vloeien'.
V.A.L.C.L.: Vidit Antonius Loverius, Censor Librorum.

‘Een hoopje vuil in de feestzaal’ Het binnenhuis als slagveld in *Tsjip* van Willem Elsschot

KOEN RYMENANTS*

Inleiding[1]

Tijdens het voorjaar van 1934 legt Willem Elsschot de laatste hand aan zijn nieuwe roman *Tsjip*.[2] Op 20 april schrijft hij daarover aan zijn Nederlandse vriend en collega Jan Greshoff, die in Brussel woont:

> Of iets een eenvoudige familiehistorie is dan wel een bezoek aan de Hel, maakt op mij niet den minsten indruk. Ik hecht alleen belang aan de kracht, aan de hevigheid waarmede een beeld opgeroepen wordt, niet aan het beeld zelf. En voor mij is niet la Guerre des Mondes het mooiste boek van Wells, maar wel de geschiedenis van den heer Hoopdriver die zijn vacantie doorbrengt op zijn fiets. Daar gebeurt niet veel meer in dan in Tsjip. En ik verdom het verder te willen springen dan mijn stok lang is.[3]

Voor een bundel over feest en strijd in de Nederlandse letteren lijken deze uitspraken uit de werkkamer van Elsschot niet veel goeds te beloven. *The War of the Worlds* (1898) van de Engelse schrijver H.G. Wells – in het Frans vertaald als *La Guerre des Mondes* – is

* Koen Rymenants is als aspirant van het F.W.O.-Vlaanderen verbonden aan de afdeling Nederlandse literatuur en volkskunde van de K.U.Leuven. Hij bereidt een proefschrift voor over het proza van Willem Elsschot.

[1] Ik bedank Dirk De Geest, An Faems, Karel Porteman en Eveline Vanfraussen voor de gesprekken die ik met hen mocht voeren over eerdere versies van deze tekst. Wieneke ’t Hoen en Boris Rousseeuw ben ik erkentelijk voor hun hulp bij het verzamelen van de illustraties.

[2] *Tsjip* verschijnt van juli tot en met november als feuilleton in het tijdschrift *Forum* en midden oktober in boekvorm bij de Amsterdamse uitgeverij Van Kampen.

[3] Elsschot 1993, 180.

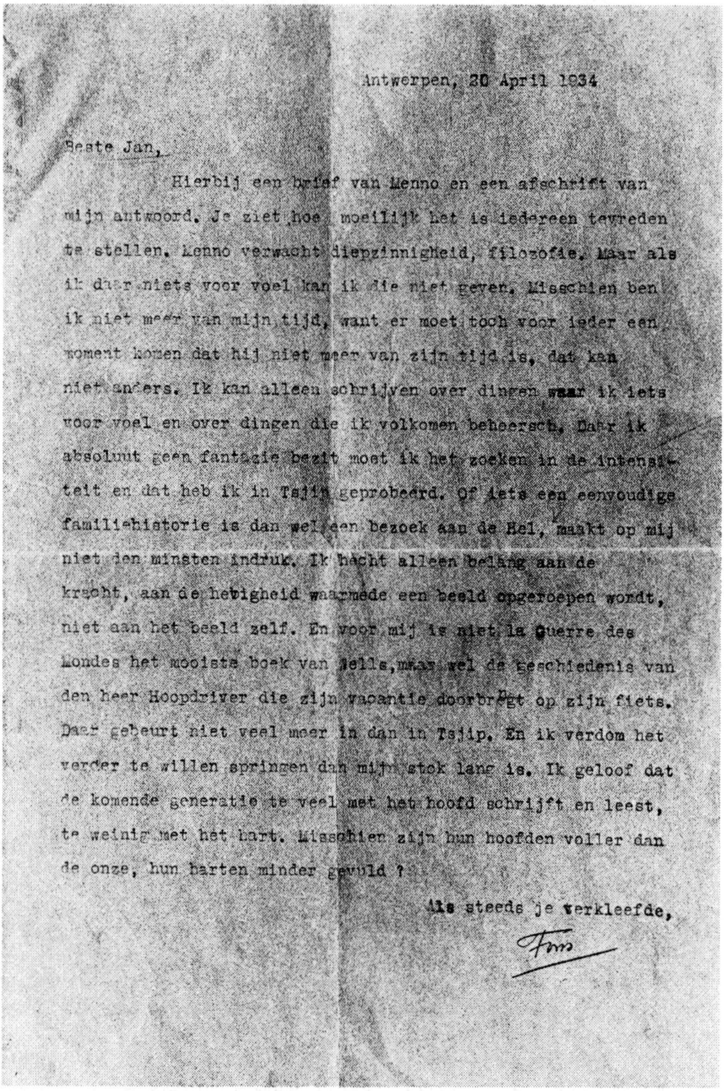

Antwerpen, 20 April 1934

Beste Jan,

Hierbij een brief van Menno en een afschrift van mijn antwoord. Je ziet hoe moeilijk het is iedereen tevreden te stellen. Menno verwacht diepzinnigheid, filozofie. Maar als ik daar niets voor voel kan ik die niet geven. Misschien ben ik niet meer van mijn tijd, want er moet toch voor ieder een moment komen dat hij niet meer van zijn tijd is, dat kan niet anders. Ik kan alleen schrijven over dingen waar ik iets voor voel en over dingen die ik volkomen beheersch. Daar ik absoluut geen fantazie bezit moet ik het zoeken in de intensiteit en dat heb ik in Tsjip geprobeerd. Of iets een eenvoudige familiehistorie is dan wel een bezoek aan de Hel, maakt op mij niet den minsten indruk. Ik hecht alleen belang aan de kracht, aan de hevigheid waarmede een beeld opgeroepen wordt, niet aan het beeld zelf. En voor mij is niet la Guerre des Mondes het mooiste boek van Wells, maar wel de geschiedenis van den heer Hoopdriver die zijn vacantie doorbrengt op zijn fiets. Daar gebeurt niet veel meer in dan in Tsjip. En ik verdom het verder te willen springen dan mijn stok lang is. Ik geloof dat de komende generatie te veel met het hoofd schrijft en leest, te weinig met het hart. Misschien zijn hun hoofden voller dan de onze, hun harten minder gevuld ?

Als steeds je verkleefde,

Fons

Brief van Willem Elsschot aan Jan Greshoff, 20 april 1934 (collectie Letterkundig Museum).

nochtans een breed opgezette science-fictionroman over een invasie van de aarde door wreedaardige en zwaarbewapende Marsbewoners. Elsschot geeft echter de voorkeur aan *The Wheels of Chance* (1896), het komische verhaal van de kleine winkelbediende Mr Hoopdriver, die tijdens een fietsvakantie heel eventjes weet te ontsnappen aan het burgerlijke bestaan van alledag.[4] Het kabaal waarop we misschien gehoopt hadden, blijkt dus ver te zoeken. In Elsschots eigen roman *Tsjip* vertelt de kantoorklerk Frans Laarmans (die wel iets van Hoopdriver weg heeft) hoe zijn oudste dochter Adele verloofd raakt met haar Poolse vriend Bennek Maniewski, die ze heeft leren kennen op de handelsschool. Benneks vader maakt eerst bezwaren tegen de relatie en roept zijn zoon terug naar Polen, terwijl ook het verschil in geloofsovertuiging – de Maniewski's zijn vrome katholieken, de Laarmansen helemaal niet – voor strubbelingen zorgt. Toch komt het tot een huwelijk: het paar trouwt tijdens de paasvakantie in Koksijde voor de wet, het kerkelijke ritueel vindt onverwacht plaats in Antwerpen. Vervolgens reizen Adele en Bennek af naar Polen, waar het jaar daarop hun zoon Jan geboren wordt. Bij zijn eerste bezoek aan België geeft Laarmans hem de bijnaam Tsjip. De roman bevat dus inderdaad niet veel meer dan 'een eenvoudige familiehistorie', zo lijkt het tenminste. En toch: misschien moeten we Elsschots waarschuwing ter harte nemen en ons niet blind staren op dat bedrieglijk simpele beeld van huiselijke voorvalletjes, maar vooral oog hebben voor de 'kracht' en de 'hevigheid' waarmee het 'opgeroepen wordt'. Een jaar eerder formuleerde Elsschot dezelfde gedachte in de bekende 'Inleiding' tot zijn roman *Kaas* (1933) als volgt: 'In kunst zit het meer in den stijl dan in wat er gebeurt. Een haring kan tragisch geschilderd worden, al zit er aan zoo'n beest niets dat tragisch op zichzelf is'.[5] In deze bijdrage probeer ik na te gaan hoe die fameuze Elsschottiaanse haring in *Tsjip* geschilderd wordt. Met andere woorden: hoe de lotgevallen van Adele, Bennek en de rest van de familie vorm krijgen in het verhaal dat Frans Laarmans er in de ikvorm over vertelt. Ik zal dat verhaal lezen en beknopt in zijn

[4] Zie over *The War of the Worlds* en *The Wheels of Chance* Hammond 2001, met name 111-115 en 121-123.

[5] Elsschot 2003a, 13.

literair-historische context plaatsen met als uitgangspunt een analyse van een aantal door Laarmans gehanteerde metaforen. Zo hoop ik in ieder geval twee van de voetangels en klemmen te ontwijken die haast elke Elsschot-onderzoeker op zijn pad vindt: aan de ene kant de verleiding om te volstaan met een (ongetwijfeld leerzame) vergelijking tussen de sterk autobiografisch gekleurde roman en de bewuste episode uit het leven van de auteur, aan de andere kant het gevaar niet verder te komen dan terechte, maar vrijblijvende lof voor zijn stilistisch meesterschap.[6] Meteen probeer ik door mijn werkwijze ook het thema van dit boek optimaal uit de verf te laten komen.

Stijl en strijd

Hanteren we Elsschots opvattingen over stijl als leeswijzer voor *Tsjip*, dan blijkt het wapengekletter, tegen alle verwachtingen in, haast oorverdovend uit de bladzijden op te klinken. Zo bijvoorbeeld wanneer Laarmans vertelt hoe zijn schoonzussen Hortense en Sophie op bezoek komen om Adele te feliciteren met het behalen van haar diploma:

> Zij zijn om half negen gekomen, nadat Hortense hare dochter Martha, die even oud is als Adele, een uur vroeger op verkenning gezonden had om zeker te zijn ons kind niet te missen. In afwachting dat de zware artillerie komt neemt mijn nichtje het slagveld strategisch op en moet beletten dat er iemand weggaat die mee zou kunnen sneuvelen. Adele vooral moet door haar worden bewaakt.[7]

Deze passage wemelt van de militaire termen. Door de manier waarop Laarmans de familievisite waarneemt en beschrijft – door

[6] Ook de recentste essays over *Tsjip* (Maassen 2003 en De Moor 2002) ontsnappen daar lang niet altijd aan. Grové 1976, Steenberg 1982 en Van Zyl 1983 gaan dieper in op de tekst, maar werden (allicht wegens hun Zuid-Afrikaanse herkomst) in de Elsschotstudie nauwelijks opgemerkt. Marks-van Lakerveld 1977 en Vervliet 1977 vestigen meer dan eens de aandacht op de metaforiek in respectievelijk *Lijmen/Het Been* (1924/1938) en *Het Dwaallicht* (1946).

[7] Elsschot 2003b, 45. In het vervolg verwijs ik naar deze kritische leeseditie van *Tsjip* (deel 6 van het *Volledig werk*) met paginanummers tussen haakjes in de tekst. 'V' of 'A' voor het nummer geeft aan dat verwezen wordt naar de 'Verantwoording' of de 'Annotaties'.

de stijl dus –, transformeert hij ze dan wel niet in een mythische hellevaart, maar toch in een heuse veldslag.[8] De huiskamer verandert in 'het slagveld' voor een strijd op leven en dood; gastheren en bezoekers worden legeronderdelen die tegenover elkaar staan. Laarmans' nichtje Martha arriveert wat vroeger en hij beschouwt haar dan ook als de vooruitgestuurde verkenner met de strategische blik die de charge van zijn schoonzussen, 'de zware artillerie', moet voorbereiden. Hun bedoeling is even simpel als dodelijk: zoveel mogelijk leden van het gezin Laarmans doen 'sneuvelen'. Vooral Adele 'moet [...] worden bewaakt'; het zware geschut mag haar niet 'missen', ze moet letterlijk en figuurlijk getroffen, geraakt worden. Deze militaire beeldspraak heeft in de eerste plaats een spottend, ironiserend effect. Door het (gezien het behandelde onderwerp) vreemdsoortige, afwijkende karakter ervan stelt ze de door Laarmans misprezen schoonfamilie ook aan de lezer zo belachelijk mogelijk voor. De uitvoerigheid waarmee Laarmans de metafoor uitspint, draagt daar overigens volop toe bij.[9] Gaat de deurbel, dan 'houdt Martha met praten op, als gereed om signalen te geven' en uiteindelijk komen Hortense en Sophie binnen 'met de sacoche en de doos poeder als schilden voor zich uit' (45). Die handtas en die poederdoos, twee cadeautjes voor Adele, ziet Laarmans dus als een soort verdedigingswapens, als schilden die een aanval moeten afweren of voorkomen. Anders gezegd: het felicitatiebezoek moet de tantes indekken, zodat ze vervolgens zelf kunnen toeslaan en informeren naar Adeles relatie met de naar Polen teruggekeerde Bennek, want daar is het hen uiteindelijk om te doen. Helemaal aan het begin van zijn relaas over hun bezoek meldt Laarmans al dat zij '*voorwendden* Adele te willen feliciteeren met dat schitterend eindexamen. Als *bewijs* heeft de eene een sacoche en de andere een doos poeder medegebracht' (45, cursivering van mij).

Na het uitwisselen van de gebruikelijke begroetingen wacht Laarmans tevergeefs op hun aanval:

[8] In een postuum gepubliceerd artikel uit 1959 heeft Jan C. Villerius als een van de eerste Elsschot-onderzoekers de aandacht gevestigd op deze 'oorlog in huiskamer-formaat' (Villerius 1999, 136). Zie ook Grové 1976, 19-20.

[9] Zie over het verband tussen metaforiek en ironie Hamon 1996, 93-94 en 105-107.

> Nu haar eerste salvo uitblijft vraag ik zelf naar mijn schoonbroers en dwing haar om beurten verslag te geven, niet alleen van hun gezondheidstoestand maar ook van den stand van hun zaken. [...] Als het niet langer decent is daarop nog verder aan te dringen, vraag ik waarom Hortense hare dochter Martha, hier present, zoo vroegtijdig thuis heeft gehouden. Dat meisje studeerde anders goed, is 't waar of niet, Martha? [...] Ik praat schoolmeesterachtig en zoo langzaam mogelijk om maar veel tijd te winnen, want als ik tot tien uur geraak kunnen wij naar bed gaan en dan moet de vijand van zelf het veld ruimen bij gebrek aan tegenstanders. (46)

Blijkbaar heeft deze voorstelling van een familiebezoek als een kleine oorlog niet alleen een spottende, maar ook een ernstige kant. Laarmans meet zichzelf en zijn gezin de rol van belegerden aan en maakt zo duidelijk hoe problematisch de alledaagse omgang tussen mensen voor hem is. Het schijnbaar overdreven, hyperbolische karakter van de gebruikte beelden heeft het paradoxale, ironische effect dat een mededeling in één en dezelfde beweging op haar sterkst wordt uitgesproken én wordt gerelativeerd of zelfs in het belachelijke getrokken. De twee beoordelingen zijn tegelijk aanwezig: een keuze voor de ene of de andere ligt vaak allerminst voor de hand.[10] Hortense en Sophie zijn in hun hoedanigheid van 'zware artillerie' zowel ridicuul als angstaanjagend. Vooral het spreken, de verbale communicatie, lijkt Laarmans in zijn omgang met anderen zwaar te vallen: een tussenkomst in een gesprek wordt een potentieel vernietigend 'salvo' of een afgedwongen 'verslag'. Gesprekspartners zijn geen partners, maar 'de vijand'; ze zijn 'tegenstanders' die elkaar het slagveld betwisten en daarbij de grenzen aftasten van de welvoeglijke conversatie tot 'het niet langer decent is'. Het achterwege blijven van een 'eerste salvo' doorbreekt Laarmans' verwachtingspatroon van het gesprek als strijd, maar desondanks blijft hij eraan vasthouden. Opmerkelijk is wel dat hij blijkbaar de enige is. De strijdmetafoor heeft bijna uitsluitend een plaats in het bewustzijn van Laarmans en in zijn relaas over de gebeurtenissen. Het enige spoor daarvan in het gesprek zelf is het woord 'present' in Laarmans' vraag 'waarom Hortense hare

[10] Vergelijk Steenberg 1982, 135: 'Dis meer as geestigheid, want agter die snaakse skuil altyd 'n jammerte vir Laarmans wat so sleg toegerus is om die lewe te hanteer'.

dochter Martha, hier present, zoo vroegtijdig thuis heeft gehouden'. Doordat de vraag in de (vrije) indirecte rede is weergegeven, blijft het nochtans enigszins onduidelijk of die militair geconnoteerde term van de belevende of van de achteraf vertellende Laarmans afkomstig is. Het aanwijzend bijwoord 'hier' doet het eerste vermoeden, maar gezien de soms verwarrende manier waarop Laarmans in *Tsjip* het recente verleden vermengt met het vertelmoment, biedt zelfs dat geen onwankelbare zekerheid.

Het lijkt er in ieder geval op dat de idee dat het gesprek een strijd is, niet of nauwelijks mag worden uitgesproken. Ze krijgt vrijwel alleen ruimte in het denken en vertellen erover. Doordat het strijdperspectief op de zaak zo beperkt blijft, rijst dan ook de vraag in hoeverre Laarmans het bezoek van zijn schoonzussen correct weergeeft. Waarschijnlijk kan elke lezer die zelf familie heeft, zich wel iets bij de gevoelens van Laarmans voorstellen, maar tegelijk doet zijn verwoording ervan misschien af aan zijn betrouwbaarheid als verteller. In hoeverre is hij zich immers steeds bewust van de ironische component van de metaforen die hij gebruikt?[11] En hoe lang kan je een verteller die een tamelijk banale familievisite hardnekkig als een veldslag voorstelt, nog ernstig nemen? Die kwestie dringt zich des te nadrukkelijker op doordat Laarmans de uiteindelijke vraag 'wat er van "dien jongen" geworden is' (47) vrij elegant weet te overbluffen door een verloving in het vooruitzicht te stellen aan Sophie, die nochtans 'niet méér in dat terugkomen [van Bennek] gelooft dan wij zelf' (47). Tot en met de derde druk van *Tsjip* (in 1942) laat Elsschot aan het hoofdstuk over het felicitatiebezoek bovendien een motto voorafgaan dat de geschetste dubbelzinnigheid nog eens resumeert: '*Verdelg hen, Heere, of maak mij blind*' (V 276). Dat citaat uit Greshoffs dichtbundel *Pro Domo* (1933) drukt zowel diepe angst als spottend misprijzen voor 'hen' (bij Elsschot kennelijk de tantes) uit. Daartoe maakt het bovendien oneigenlijk gebruik van bijbelse retoriek, wat nog zijn belang zal blijken te hebben voor het vervolg van de tekst.[12]

[11] Vergelijk Van Zyl 1983, 155.

[12] Bij Greshoff zelf, in de slotregel van het achtste gedicht uit *Pro Domo*, heeft de overgang naar een bijbels register trouwens een vergelijkbare functie: 'Men kan het zuiver en royaal bedoelen/ Maar voor die rijen uitgestreken smoelen/ Bidden: "verdelg hen, Heere, of maak mij blind!"' (Greshoff 1934, 225).

Oorlog met Polen

Ondertussen hanteert Laarmans al sinds het begin van de roman strijdmetaforen en hij blijft dat ook doen, vooral als hij het heeft over mensen die van buitenaf zijn vertrouwde leefwereld binnendringen en verstoren.[13] Hij noemt zijn gezin onder meer 'onze broederschap' (13), 'mijne bende' (25), ''t nest' (55) en 'het oude nest' (67): beelden die geborgenheid, saamhorigheid en verzet tegen de boze buitenwereld suggereren. De militaire beeldspraak waarmee Laarmans contacten met die als vijandig beschouwde wereld buitenshuis beschrijft, sluit daarbij aan. Toch is hij niet bepaald een gezaghebbende aanvoerder van zijn gezinsleger. Het is integendeel zijn vrouw Fine die het bevel lijkt te voeren, zo vindt hij tenminste zelf wanneer hij het heeft over 'de commando's van mijn vrouw' (13) en over 'een afgebeten kommando van mijn vrouw' (43).

Ziet Laarmans in een bezoek van zijn schoonfamilie al een vijandige inval, dan geldt dat des te meer voor de komst van Bennek, een Pool en daarom bij uitstek iemand die uit een onbekend en angstaanjagend *buiten* komt. Laarmans duidt hem aanvankelijk trouwens meestal aan als 'de Pool' (18, 22, 38, 43...) of 'de vreemdeling' (11, 19) en blijft hem in gesprekken halsstarrig 'mijnheer' (14, 18) noemen.[14] Het zijn, zoals gezegd, vooral die gesprekken die problemen opleveren. Laarmans projecteert zijn eigen pessimistische visie daarop ook op het spreken van anderen, bijvoorbeeld dat van zijn oudste zoon Walter en van Bennek:[15]

[13] Villerius signaleert het volhouden van een metafoor doorheen de hele roman niet in *Tsjip*, maar wel in *De Leeuwentemmer* (1940): 'Zo schijnbaar argeloos worden de eerste beelden gebruikt, zo speels en spelend wordt de metafoor keer op keer hervat, organisch met het verhaal verweven, dat de hele allegorie verre van kunstmatig aan te doen, integendeel een natuurlijke steun geeft aan de geschiedenis' (Villerius 1999, 137).

[14] Vergelijk Maassen 2003, 28-29. Ook (Adele) 'haar Pool' en het half-ironische, half-intieme 'onze Pool' komen nogal eens voor.

[15] In de vroegste uitgaven van *Tsjip* (en aanvankelijk ook in de gecombineerde edities van *Tsjip/De Leeuwentemmer*) heet de oudste zoon niet Walter, maar Willem. De bezorgers van het *Volledig werk* verschaffen opheldering over de naamsverandering (zie V 235, 240-241, 246).

> Walter is óók student en slechts een jaar jonger dan hij. Zij hebben het over hun respectieve universiteiten en snijden op met hun zwaarste cursussen. Bennek schermt met cognossementen, charterpartijen en handelsrecht terwijl Walter zijn tegenstander doet gruwen met opengelegde hersenpannen en met lillende harten die blijven kloppen terwijl men ze in de hand houdt. (13)

Laarmans ziet de jongelui duidelijk in een strijd verwikkeld. De ene 'tegenstander' staat met de getrokken degen – er staat 'schermt' – van zijn gespecialiseerde economische terminologie tegenover de andere, die de griezelige organen uit zijn anatomische handboeken haast letterlijk als wapens hanteert. In de belevingswereld van Laarmans is een gesprek een gevecht, met woorden als wapentuig. Het valt nochtans te betwijfelen of de twee studenten het daarmee eens zijn, want een paar zinnen eerder deelde Laarmans over zijn kinderen mee: 'Zij schijnen hem [Bennek] definitief als lid van onze broederschap te hebben aangenomen, buiten mij om' (13). Laarmans' visie en verteltrant lijken dan ook vooral een soort compensatie voor zijn eigen onvermogen om met de vreemdeling om te gaan. Natuurlijk zijn de woorden 'schermt' en 'tegenstander' niet alleen in de context van een duel op leven en dood te lezen, maar ook in die van sportieve competitie – schermen is tenslotte ook een sport. Die interpretatie maakt Laarmans' oordeel over het gesprek misschien wel wat gunstiger, maar zeker niet minder problematisch. In het relaas van zijn eigen moeizame conversaties met Bennek over de actuele Europese politiek bedenkt hij namelijk: 'Ik zou goed doen daar wat meer over te lezen want ik val nog al eens stil en kan dan soms, met den besten wil, niet opnieuw demarreeren' (11). Het gesprek kan dus ook een wielerwedstrijd zijn, waarbij Laarmans tot zijn ongenoegen geklopt wordt in de sprint. Fine speelt daarbij een niet bijster op prijs gestelde supportersrol: hij heeft het gevoel dat hij door zijn vrouw tegen Bennek wordt 'opgejaagd' (13) en zij heeft hem, zo zegt hij, 'iets toegesnauwd waar lafaard in voor kwam' (14). Zij vindt namelijk dat hij onomwonden bij de jongen moet informeren naar de aard van diens relatie met hun oudste dochter. Dat is meteen de achtergrond van de lastige communicatie tussen Laarmans en Bennek:

> Maar tusschen ons in, als een dreigend vraagteeken, staat die dochter. Over haar wordt niet gerept, maar alleen aan haar denken wij beiden. En als ik hem zijn meening vraag over den Poolschen

> corridor dwars door Duitschland, dan verwacht ik dat hij eindelijk zeggen zal "ja, ik bemin Adele en verlang met haar te trouwen". (11-12)

Het vermeden gespreksonderwerp wordt – men zou haast zeggen: natuurlijk – gezien als een dreiging en vermeld naast de Poolse Corridor: de strook land waarmee de nieuwe Poolse Republiek, tot ongenoegen van Duitsland, na de Eerste Wereldoorlog toegang kreeg tot de Baltische Zee (vergelijk A 281). De mogelijkheid Bennek rechtstreeks met de vraag te confronteren, is voor de stevig bij zijn stelling 'geposteerd[e]' Laarmans haast ondenkbaar: 'Stel je voor: die nette jongen in een hoek en ik vlak voor hem geposteerd en na al dat debatteeren over Pilsudski en Danzig nu ineens vragen "à propos, en Adele, kerel?" Bij de gedachte alleen schaam ik mij dood' (12).[16] Laarmans vindt dat Bennek zelf het initiatief moet nemen. Als hij dat zou doen, zou zelfs een internationale strijd tussen Duitsland en Polen in het niet vallen bij de goede afloop van de huiselijke variant: 'dan zal ik mijn dutje weer doen al was heel Warschau dien morgen opgeblazen' (14).

Ook wanneer zijn schoonvader hem om advies komt vragen over het dreigende verlies van zijn pensioen (nota bene omdat 'de regeering [...] besloten heeft voor zeven honderd vijftig millioen nieuwe forten aan de Duitsche grens op te richten' [15]), komt Laarmans' obsessie met strijd bovendrijven: 'Daar hij te oud is om bommen te gooien, gaf ik hem den raad zijn krot te verkoopen en 't geld op te zuipen' (15). Als dat niet in de smaak blijkt te vallen, zegt hij 'dat niets kon baten, niets anders dan opstand en geweld' (16) en adviseert hij zijn schoonvader zelfs een robbertje te vechten met de burgemeester, daarbij geholpen door zijn schoonmoeder: 'Zij moet maar hard schreeuwen en jij moet met je vuist op zijn tafel slaan, of op zijn gezicht' (16). Hier lijkt Laarmans de strijdterminologie heel bewust met spottende bedoelingen te gebruiken. Niet alleen is de schoonvader een zwakke, bejaarde man die nog nauwelijks tot een gevecht in staat zou zijn, maar bovendien is de enige heldendaad uit het verleden waarop hij kan bogen dat hij 'in achttienhonderd zeventig aan de grens [heeft] gestaan' tijdens de Frans-Duitse Oorlog (16). 'In zijn kinderlijken eenvoud gelooft hij

[16] De Poolse staatsman Józef Pilsudski en de omstreden havenstad Danzig (zie A 281).

nog steeds in diensten die meer dan een halve eeuw geleden bewezen werden' (16), schampert Laarmans, die voorts opmerkt dat zijn schoonvader uit 'zijn vierjarigen diensttijd bij de bereden artillerie' alleen '[d]ie poortjesbeenen, waar mijn kinderen als kleuters tusschen door kropen' heeft overgehouden (16). Toch wordt ondertussen ook een kleine strijd uitgevochten tussen de twee mannen. Laarmans' schoonvader blijft er immers bij hem op aandringen dat hij Bennek zou benaderen over diens plannen met Adele. Dat verplichte, opgelegde spreken ziet Laarmans opnieuw als een haast fysieke krachtmeting: 'Het vuur wordt mij zóó na aan de schenen gelegd dat ik onzen Pool ten slotte tóch *te lijf zal moeten*, hoezeer het mij ook tegen staat', verzucht hij (15, cursivering van mij). Eindelijk komt het dan zover:

> Toen ik daags na dat bezoek [van de schoonvader] mijn kantoor verliet, piekerend over een aanvalsplan, stond de Pool mij op te wachten. Zoo lang en bleek sloeg hij in 't halfduister geen schitterend figuur. Hij bracht mij zijn gebruikelijk haksaluut en vroeg of hij mij spreken kon. Ik noodigde hem uit een eindje met mij mee te loopen, want ik krijg niet gaarne kwestie voor onze kantoordeur. En toen ik om den hoek op een donkere plek halt maakte verklaarde hij plotseling dat hij niet langer als gewoon kameraad van Adele bij ons aan huis kon komen omdat hij haar bemint en eerst wil weten of ik er in toestemmen zou dat hij met haar trouwt. Was het niet alsof hij lucht gekregen had van mijn nakend ingrijpen? (18)

Een relatief eenvoudig gesprek wordt hier eens te meer getransformeerd tot een militair manoeuvre dat een 'aanvalsplan' vereist en met een 'haksaluut' gepaard gaat.[17] Ook de opvallend plechtige werkwoorden 'halt maken' en 'verklaren' kunnen met enige goede wil in dat kader worden ingepast. Bennek neemt Laarmans' vertrouwde kantooromgeving in, verstoort de gevestigde orde; het cruciale gesprek kan pas 'om den hoek op een donkere plek' worden gevoerd,

[17] Het hakkenklappen bij een begroeting is een trekje van Bennek en van zijn vader dat Laarmans van bij het begin benadrukt (11) en later geregeld opnieuw vermeldt (18, 26, 30). De beweging krijgt zo iets mechanisch (vergelijk Grové 1976, 18: 'Die aanstaande skoonzeun kry in sy vreemde stroefheid iets popagtigs') en wordt daardoor bijzonder lachwekkend. Door de term 'haksaluut' wordt ze hier bovendien de ironische militaire metaforiek binnengebracht.

uitdrukkelijk niét 'voor onze kantoordeur'. Direct daarna verdwijnt Bennek – opnieuw onder hakkengeklap – via 'een zijstraat' (18). Het meest betekenisvolle spreken over de belangrijkste zaken kan, zo blijkt, alleen met de grootste moeite en in het verborgene plaatsvinden, buiten de normale structuren. Van enig 'ingrijpen' door Laarmans zelf is nochtans geen sprake. Een en ander blijkt, net als het gesprek met Hortense en Sophie, uiteindelijk haast vanzelf te gaan, zodat de lezer vraagtekens kan blijven plaatsen bij de betrouwbaarheid van Laarmans' denken in conflictmodellen.

Ook nadat Bennek eindelijk om de hand van Adele verzocht heeft, blijft Laarmans zijn eigen verhouding tot haar geliefde consequent voorstellen als een soort oorlog met Polen. 'Zóó moet op Buitenlandsche Zaken nagedacht worden als er oorlog dreigt' (19), typeert hij de bedachtzame houding van zijn vrouw als hij haar vraagt of ze in het huwelijk toestemt. Dat het gebruik van de strijdmetafoor in het sociale verkeer onwenselijk is, blijkt bijvoorbeeld uit Laarmans' berispende reactie op een grapje van zijn jongste zoon wanneer Benneks vader voor het eerst op bezoek komt: '"The hostilities are opened," zegt Jan. Ik voeg hem nog gauw toe dat dit voor vandaag zijn laatste Engelsch behoort te zijn' (26).[18] Het conflict bereikt een hoogtepunt wanneer vader Maniewski na zijn visite het voorgenomen huwelijk vanuit Polen per brief verbiedt. Laarmans reageert als volgt:

> Dat is tenminste duidelijk en gedecideerd. Ik geloof zeker dat die man in alle omstandigheden weet wat hem te doen staat. In ieder geval schijnt hij geen lul te zijn zooals ikzelf. Trouwens, dat was hem wel aan te zien. Ik ga naar boven en sluit mij op in ons zitkamertje waar ik den brief overlees tot ik op barsten sta. Ik denk onwillekeurig aan den Guldensporenslag. Ja, ik zal die baas nu toch eens eventjes toonen waar een Vlaming toe in staat is als hij getergd wordt. (31)

[18] Het is onwaarschijnlijk dat Jan (zoals A 283 suggereert) 'hospitalities' bedoelt. Hij laat zich in zijn competitieve beeldgebruik namelijk wel vaker als een zoon van zijn vader kennen (én als jongere door het modieuze Engels dat hij op school heeft opgestoken). Wanneer veel later in het verhaal bekend wordt dat Bennek acht uur heeft moeten wachten terwijl Adele in het kraambed lag, zegt Jan: 'Dat is misschien een wereldrecord [...] The world record of waiting' (92), terwijl Laarmans over een kinderziekte van zijn kleinzoon opmerkt dat hij die 'in een recordtijd triomfantelijk doorgebeten' heeft (95).

In de confrontatie met de autoritaire Poolse vader wordt Laarmans zich pijnlijk bewust van zijn eigen lulligheid. Hij schrijft een woedende antwoordbrief, maar krijgt daar vrijwel onmiddellijk spijt van en probeert hem vergeefs te onderscheppen. De vergelijking met de Guldensporenslag geeft wel de draagwijdte van Laarmans' verontwaardiging aan, maar ironiseert die tegelijk door haar hyperbolische karakter, zodat Laarmans het slachtoffer wordt van zijn eigen beeldgebruik. Hij veronderstelt naïefweg dat vader Maniewski met zijn in het Nederlands gestelde brief 'de consulaten' zal 'afloopen tot hij er een vindt waar men dat Vlaamsch in behoorlijk, grammatikaal Poolsch kan overzetten' (31) en komt geregeld terug op de 'verwoestingen' (35) die '[d]at jammerlijke antwoord' (38) zou aanrichten.[19] Het hoeft geen betoog dat de (voor de Maniewski's onbegrijpelijke) brief onopgemerkt voorbijgaat en er uiteindelijk toestemming komt voor het huwelijk...

Feest, handel en spektakel

Laarmans' opvatting dat het leven een voortdurende strijd is, doordringt de hele roman.[20] Ook het verslag van de feestelijkste gebeurtenissen, of degene die dat zouden moeten zijn, ontsnapt daar niet aan. Zo bijvoorbeeld het feestje ter gelegenheid van het afstuderen van Bennek en Adele:

> Adele en de Pool zijn beiden geslaagd in hun eindexamen en dat behoort toch gevierd te worden, al bepaalt dat vieren zich bij een

[19] Zie ook 'al spreekt hij er niet van, hij heeft hem toch ontvangen en zoo'n brok kan nog niet verteerd zijn' (59) en ''t moeten werkelijk allerliefste menschen zijn, want over mijn brief geen woord. [...] Ik begin er aan te twijfelen of hij hem ooit ontvangen heeft' (85).

[20] Een greep uit de vele voorbeelden: 'dat ik hem ginder ga afmaken' (36), 'maak ik vader en zoon kapot' (52), 'werda' (75). Door de overvloed aan strijdtermen en -metaforen worden zelfs staande uitdrukkingen die de lezer anders niet meer als metaforisch zou ervaren, gedelexicaliseerd en weer in al hun letterlijkheid zichtbaar. Het gaat dan om zinnetjes als 'wat zoo'n Pool in zijn schild voert' (12), 'Het vuur wordt mij zóó na aan de schenen gelegd' (15), 'hoe kon ik weerstaan aan iemand die zóó zijn eigen leed vergat [...]?' (17), 'Als die canapé maar stand houdt' (28), 'Een kampioen van een schelvisch' (34), 'Ik kom [...] binnengestormd' (34), 'ik zou al dat studeeren niet hebben kunnen bolwerken' (40), 'Even later komt zij de trap afgestormd' (79), enzovoorts.

> feestelijke stemming, een schoon tafelkleed, drie gerechten in plaats van twee en 't uitnoodigen van mijn schoonouders, want mijn eigen ouders zijn dood. Het wordt niettemin een feestje omdat het als een feest bedoeld is. (38)

Een feest komt er volgens Laarmans niet om uiting te geven aan spontaan gevoelde vreugde over een blijde gebeurtenis, maar omdat de conventie het nu eenmaal zo dicteert: 'dat behoort toch gevierd te worden'. Bovendien wordt 'dat vieren' meteen nog eens extra gerelativeerd door het te omschrijven in termen van een paar eenvoudige materiële ingrepen. Het feit dat Laarmans op het kantoor van een 'fabriek' (32, 60) werkt, zal daar niet vreemd aan zijn. In de economische termen van zijn beroepsbezigheden formuleert hij ook zijn op het eerste gezicht volkomen anderssoortige ervaringen binnen de familiekring. Alles wat geestelijk, psychologisch of anderszins ongrijpbaar is, probeert hij hanteerbaar te maken door het in materialistische termen te concretiseren of te verbinden met iets bekends waar hij wel greep op denkt te hebben.[21] Zo is het veelzeggend dat de 'feestelijke stemming' hier op hetzelfde niveau geplaatst wordt als het verse tafellaken en de extra gang bij het diner, en dat Laarmans zijn schoonouders kennelijk slechts uitnodigt bij gebrek aan beter. Ouders zijn het originele artikel, schoonouders kunnen in geval van nood als *ersatz* dienst doen. Dat Laarmans vooral zijn schoonmoeder minder als een persoon dan als een (zij het dan feestelijk) ding beschouwt, blijkt ook uit een zinnetje als 'Moeder is *verpakt* in een taffetaskleed en *versierd* met die groote, gouden broche' (39, cursivering van mij). 'Verpakken' en 'versieren' kan je in de regel alleen niet-menselijke objecten zoals een cadeau of een kerstboom. Doordat het hier met moeder zou zijn gebeurd, wordt ze van haar menselijkheid ontdaan, wat een komisch en tot op zekere hoogte misprijzend effect heeft.[22] Die

[21] Een houding die schitterend geïllustreerd wordt door zijn overdenking na Adeles vertrek naar Polen: 'Om half zes uit Oostende, dan zijn zij nu in Keulen en heeft zij den Rijn al gezien, tenminste bij nacht. Dat moet iets zijn als de Schelde, maar minder breed' (76).

[22] Maassen 2003, 30-31 bespreekt dit zinnetje vrij uitvoerig, maar komt nauwelijks verder dan een juichende evaluatie: 'Nee, ze gaat niet *gekleed* in een taffetaskleed, ze is niet *gehuld* in een taffetaskleed en ze *draagt* ook geen taffetaskleed, maar ze gaat erin verpakt. Zuig op die woorden, proef het verschil. Dat is stijl'.

ironische ontmenselijkende tendens komt in het spreken van Laarmans wel vaker voor: wanneer hij Hortense en Sophie voorstelt als 'zware artillerie', in een nevenschikking als 'meubelen, vrouw en kinderen' (26), of wanneer hij Adele en Fine tijdens het afstudeerpartijtje niet ziet huilen in elkaars armen, maar ziet 'schokken als onder de ontladingen van een motor' (41).[23] Het verkleinwoord dat Laarmans hanteert, zegt eigenlijk alles: het etentje mag dan wel 'als een feest bedoeld' zijn, in feite wordt het een 'feestje'. Bovendien lijkt Laarmans ook dat feestje weer als een strijd met Bennek te beleven. De oorlogstermen zijn nooit ver weg: 'Men heeft hem zeker gezegd dat wij toestemmen want van middag was de Pool weer *op zijn post*' (38), zo luidt het, en 'Hij *staat dus zeer sterk*, terwijl ik niet weet hoe ik draaien of keeren moet' (38). Of nog: 'Van zijn kant vraagt hij waarschijnlijk niets beters dan *met vrede* gelaten te worden' (40, cursivering in de laatste drie citaten van mij).

Bovendien wordt het feest niet alleen als een machtsstrijd, maar ook als een hypocriet stukje komedie gekarakteriseerd. Daarvoor moeten de eerder genoemde rekwisieten voorradig zijn en moet niet alleen zijn schoonmoeder, maar ook Laarmans zelf zich in zekere zin kostumeren:

> Ik doe mijn boord aan, die ik had uitgelaten omdat die jongen bij mij afgedaan heeft, en ga aan tafel zitten. Vooruit met dat feest, want hoe gauwer het uit is hoe beter. Dan kan een van ons beiden opdonderen. [...] Vooruit, de radio opgezet. En zooveel mogelijk leven gemaakt met stoelen, vorken, borden en glazen, als geloofden wij werkelijk dat over enkele maanden dat huwelijk zal ingezegend worden. Een echte poppenkast. Wat moet die Pool een pret hebben. (39-40)

De wereld is niet alleen een strijd-, maar ook een schouwtoneel – of in dit geval een 'poppenkast', zodat de acteurs eens te meer ontmenselijkt worden tot willoze marionetten. Aan Bennek kent Laarmans daarbij aanvankelijk de rol toe van geamuseerde toeschouwer, maar al gauw mag de Pool ook meespelen: 'Zoo'n perfekte komediant loopt er in de heele Nederlanden niet' (43). Naast de strijdmetafoor en het economische denken is ook het aloude beeld van

[23] Op deze en andere vormen van depersonificatie, zoals de voorstelling van mensen als dieren of machines, kan ik hier helaas niet gedetailleerd ingaan, evenmin als op de handelsmetaforiek.

de wereld als schouwtoneel een geliefkoosde manier van Laarmans om greep te krijgen op zijn omgeving en op de verwarrende gebeurtenissen die hem telkens weer overweldigen.[24] Is het aanvankelijk 'mijn familie' die hij ervan verdenkt dat zij 'op bezoek komen om zich in 't schouwspel van Adele te verlustigen' (19), later wordt hij duidelijk zelf de kritische toeschouwer. Als vanuit Polen het onverwachte fiat voor het huwelijk is gegeven en hij bij thuiskomst zijn extatische vrouw en dochters aantreft, vraag hij zich af: 'Wat mag er aan de hand zijn? 't Lijkt wel een repetitie van een operette' (53). Het is onder meer via dit soort beeldspraak dat Laarmans een ironische toeschouwer kan worden die vanop een afstand de scène gadeslaat zonder zelf te hoeven meespelen.[25] De keuze voor (de repetitie van) een genre dat bekend staat om goedkope effecten en overdreven sentimentaliteit heeft daarbij een extra ironisch effect, vooral vanwege het contrast met de (verhoopte) ernst en oprechtheid van een huwelijksceremonie. Wanneer iedereen druk in de weer is met de voorbereidingen, stelt Laarmans bovendien vast: 'En zoo verloopen de laatste dagen in een stijgende herrie, zooals ik die als jongen stond te bewonderen bij 't optimmeren van 't reizend cirkus van Barnum and Baily' (60).[26] De min of meer veilige toeschouwerspositie associeert hij kennelijk met zijn jeugd. Ook zijn religieuze twijfels vat Laarmans overigens in een beeld uit de sfeer van theater en spektakel. Wanneer hij de vrijzinnig opgevoede Adele in ijltempo de catechismus moet bijbrengen, beschouwt hij God de Vader, God de Zoon en God de Heilige Geest impliciet als komedianten:

[24] Zie voor een korte geschiedenis van dat beeld Ferber 2001, 216-217. Jan hanteert karakteristiek genoeg een specifiek moderne variant wanneer hij op het zwijgen van Adele na de vraag 'Komt Bennek niet?' reageert met de opmerking 'Mijn bedrogen zuster of het verraad van den Pool. Sprakelooze film' (22).

[25] Zie over de theatrale aspecten van ironie Hamon 1996, 109-116.

[26] Doordat Laarmans uitgerekend verwijst naar *The Greatest Show on Earth* van Phineas Taylor Barnum en zijn partner James A. Bailey (vergelijk A 285), laat hij zich opnieuw kennen als klerk. Barnums naam werd immers synoniem voor grootse publiciteit en zakeninstinct. Zou het overigens toeval zijn dat de naam van de gehaaide zakenman Boorman uit *Lijmen* (1924) en *Het Been* (1938) een bijna-anagram is van die van de Amerikaanse *showman*?

> Dan spreek ik gauw over de drie Goddelijke Personen, omdat ik die toch al iets minder plechtig vind dan dat dreigend enkelvoud, maar daar snapt zij niets van. En daar ik zelf die *rolverdeeling* niet begrijp, kan ik haar tot mijn spijt geen opheldering geven. (80, cursivering van mij)

Meestal wordt de ietwat superieure toeschouwerspositie die Laarmans zichzelf soms wil aanmeten, hem echter niet gegund door zijn huisgenoten. Bovendien maakt de spektakelmetafoor, net als die van de strijd, weinig indruk wanneer Laarmans hem openlijk probeert te hanteren: 'om goed te laten blijken dat er nog meer wilskracht in vader zit dan zij wel denken, zeg ik luidop dat die heele comedie lang genoeg heeft geduurd, waarop ik een blik van mijn vrouw onderschep die zwaar is van minachting' (23). Niet zodra heeft Laarmans zich dan ook als lid van het circuspubliek voorgesteld, of hij verandert alweer van toeschouwer in medespeler. Hij dient zijn rol van gezinshoofd zo goed en zo kwaad als het gaat te vervullen of althans te spelen: 'Troost heeft zij [Adele] van mij niet meer noodig, dat zie ik wel. 't Ziet er veeleer naar uit alsof de rollen omgekeerd zijn' (60-61).[27]

Bijbel en bevrijding

Sinds *Lijmen* (1924) treedt in alle romans van Elsschot een personage op dat Frans Laarmans heet. Vooral vanaf het verschijnen van *Het Been* (1938) wordt die continuïteit – met name door toedoen van Menno ter Braak – een belangrijk thema in de kritiek.[28] De criticus Lode Monteyne typeert Laarmans op dat moment als volgt in zijn recensie voor de Antwerpse krant *De Dag*:

[27] Het zou interessant zijn om het theatrale denken van Laarmans te vergelijken met het *dramaturgisch perspectief* (de term is van de socioloog Erving Goffman) dat Materman 1986 heeft aangewezen in het leven en werk van Menno ter Braak, en dat diens biograaf karakteristiek acht voor de cultuur van de jaren dertig (Hanssen 2001, 136-157). Binnen Elsschots oeuvre komt de theatermetafoor ook voor bij andere vertelinstanties dan Laarmans (bijvoorbeeld zijn zwager Jacky Peeters in *Het Tankschip* [1942]) én in teksten waar de auteur in eigen naam lijkt te spreken (bijvoorbeeld in sommige brieven en vooral in het essay 'Achter de Schermen' [1935/1936]).

[28] Zie daarover Rymenants 2000, 40-46.

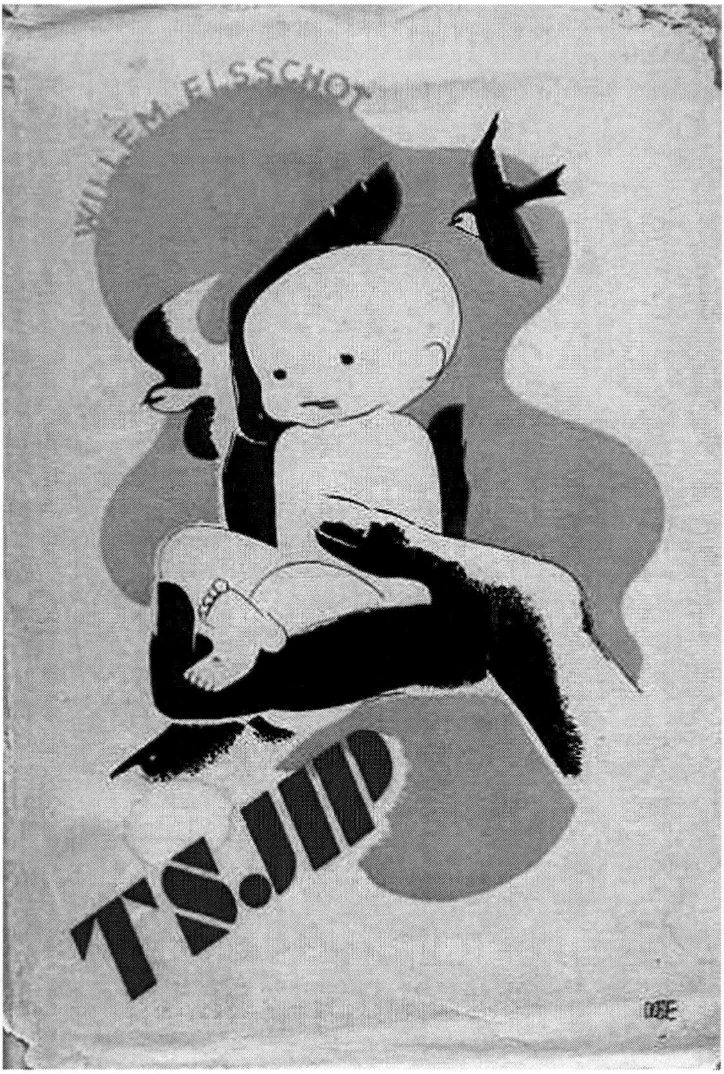

De eerste druk van Tsjip (Amsterdam 1934), met een omslagillustratie van Eppo Doeve.

> Wat hem als mensch van de menigte onderscheidt, karakteriseert ook de kunst van Willem Elsschot. Laarmans is de door het dagelijksch contact met de werkelijkheid, waaronder hij de naaktheid van de waarheid heeft ontdekt, ontnuchterde, van alle burgerlijke romantiek gezuiverde mensch, die zich inspant – en daarom snerpt er vaak een tragische wanklank in de moeizaam nagestreefde, doch zelden bereikte harmonie van zijn bestaan! – om het leven te begrijpen, te doorgronden en zelfs te genieten zonder het daarom met bedrieglijke illusies te willen tooien...[29]

De weinig verheven kijk op heilige huisjes als familie, vaderland, godsdienst en Kerk die samengaat met die illusieloze houding, riep vooral bij de verdedigers van een meer traditionele literatuuropvatting in de jaren dertig heel wat weerstand op. Wat *Tsjip* betreft, is vooral hoofdstuk XVII berucht geworden. Daarin komt het al genoemde godsdienstonderricht voor, waarbij Adele zich wanneer de Heilige Boodschap en de Maagdelijke Geboorte van Christus ter sprake komen afvraagt 'of zoo iets mogelijk is en spreekt van Leda en de zwaan' (81). Een paar uur daarvoor is ze gedoopt en nog dezelfde avond wordt op weinig orthodoxe wijze het kerkelijke huwelijk voltrokken. Voorafgaand aan de eerste publicatie van *Tsjip* in *Forum*, heeft over de hele episode al druk overleg plaats tussen Elsschot en de katholieke leden van de Vlaamse afdeling van de redactie, met name Marnix Gijsen. Nadat de roman in boekvorm verschenen is, laat ook de kritiek zich niet onbetuigd.[30] De meest extreme reactie komt van het tijdschrift *Jong Dietschland*, dat uitgerekend Gijsen kapittelt omdat hij in het Franstalige weekblad *Cassandre* wat minder streng had geoordeeld. Het blad meent van Gijsen 'een moediger katholieke taal' te mogen verwachten, en demonstreert zelf hoe het hoort. *Jong Dietschland* typeert de catechismusles als 'de afschuwelijke praat van papa Laerman [sic], die evenmin als zijn dochter ooit een voet in de kerk heeft gezet en die op een kwartiertje Adèle zal inwijden in de waarheden van de kath. godsdienst', heeft het over 'de gruwelijke komedie [...] van het

[29] Monteyne 1938.

[30] Zie voor een wat breder overzicht van de receptie van het manuscript en de eerste druk van *Tsjip* De Smedt 1999, 111-117 en Rymenants 2000, 25-32. Vergelijk ook V 204-216.

huwelijk met de Poolsche katholieke echtgenoot die geen woord begrijpt', en vindt dat *Tsjip* 'in de eerste plaats de aandacht trekt door een anticlericalisme zóódanig schaamteloos en vulgair als er sinds Marnix (van St. Aldegonde) niet in de Nederlandsche taal is gedrukt'. 'Een boek dat zóó brutaal onze overtuiging kwetst en het heiligste tracht neer te halen, moet aangeklaagd worden', aldus nog de criticus.[31]

Toch zien vele recensenten op dat moment *Tsjip* ook als een positief keerpunt in de evolutie van Laarmans en van zijn schepper. De liberale Monteyne, die overigens veel begrip toont voor de katholieke bezwaren, stelt vast 'dat de verstandelijke Elsschot, dien we kenden uit "Lijmen" en uit "Kaas", [...] ontwapend heeft voor den gevoelsmensch Elsschot'.[32] Maar ook bijvoorbeeld de katholieke *Forum*-redacteur Maurice Roelants schrijft in *De Telegraaf*: 'Ook zij, die niet gewoon zijn onder het bedrieglijk brutaal zijn van wie zich als doorzuurde cynici aanmelden de gevoeligheid te erkennen, kunnen in dit boek de korsten zien wegvallen van een hart'.[33] Inderdaad lijkt het huwelijk van Adele en de veranderingen die dat veroorzaakt, Laarmans' levenshouding tot op zekere hoogte bij te stellen. Wanneer hij vertelt over het vertrek van de familie naar het gemeentehuis staat er bijvoorbeeld: 'De anderen zijn gelaarsd en gespoord en na een vluchtige presentatie geeft mijn broer het signaal tot het vertrek. Ons vendel bestaat uit Bennek en Adele, mijn vrouw, Walter en ik, mijn schoonvader met zijn decoraties, mijn broer en mijnheer Van Schoonbeke' (67). 'Gelaarsd en gespoord', 'presentatie', 'het signaal tot het vertrek', zelfs een oud-strijder met 'decoraties' uit de Frans-Duitse oorlog: de militaire terminologie is weer alomtegenwoordig. En toch is er iets veranderd: Bennek, die

[31] Zie voor alle citaten V. 1935, 16. De initiaal 'V.' verwijst mogelijk naar Ernest Van der Hallen. Overigens valt ook in deze recensie de theatermetaforiek op: er is niet alleen sprake van een 'gruwelijke komedie', maar ook van een 'degradant tooneel'. In een brief aan Greshoff van 12 januari 1934 vreesde Elsschot al 'dat het boek door de uitdrukking "Rolverdeeling" toegepast op de drie Godd. Personen, in den ban der R.K. kerk komt [...] Immers Rolverdeeling beteekent comedie spelen' (Elsschot 1993, 146).

[32] Monteyne 1934.

[33] Roelants 1943, 91. In *De Telegraaf* van 16 december 1934 bespreekt Roelants *Tsjip* samen met *Celibaat* van Gerard Walschap.

door Laarmans eindelijk bij zijn voornaam wordt genoemd, is geen vijand meer.[34] Hij maakt nu volwaardig deel uit van 'ons vendel', dat optrekt om de burgerlijke en kerkelijke autoriteiten te bestormen met het oog op het huwelijk.[35] Inmiddels drukt de militaire metafoor eerder de onderlinge saamhorigheid van de familie uit dan enig verweer tegen vijandigheid van buitenaf. Dat blijkt bijvoorbeeld ook uit Laarmans' voortdurende ironie ten aanzien van de strijdlust van zijn schoonvader als blijkt dat het kerkelijk huwelijk niet in Koksijde kan plaatsvinden: 'die soldaat van 1870, die al enkele glazen op heeft, wil tot elken prijs dien kerkelijken zegen met het zwaard bevechten' (71). Toen het huwelijk werd voorbereid, hadden de 'vroolijke deuntjes en kommando's die van d'eene kamer naar d'andere geschreeuwd worden, als op een schip' (54) al weinig meer weg van militaire bevelen en wanneer Bennek en Adele een jaar later vanuit Polen aankondigen dat ze een kindje verwachten, wordt er ten huize Laarmans 'haakwerk geproduceerd als voor een heel regiment kabouters' (86). De verteller gebruikt met andere woorden nog wel een legerterm ('regiment'), maar elke associatie met strijd lijkt onschadelijk gemaakt door de kinderlijke en sprookjesachtige context. Laarmans' strijd met Bennek heeft inmiddels (met weer een scheepvaartmetafoor) plaats gemaakt voor wederzijdse waardering: 'Bennek en ik schudden elkaar stevig de hand, als kapiteins ter lange omvaart' (84). Niet alleen Laarmans' beeld van Bennek, maar ook dat van zijn schoonzussen is ondertussen een heel stuk positiever geworden. Op het huwelijksfeest wordt het boeket dat de niet uitgenodigde tantes sturen nog wel als '[e]en kaakslag voor ons allen' (72) en dus als een strijdinterventie gezien, maar later moet Laarmans toegeven dat Sophie 'niet zoo kwaad is' (95).

Een echte omslag in het denken en de vertelwijze van Laarmans komt er in het slothoofdstuk. Hij ontmoet voor het eerst zijn in Polen geboren kleinzoon Jan in de zomerse, idyllische omgeving van zijn vakantiehuisje aan zee. Wanneer het kind arriveert, hoort

[34] Vergelijk Maassen 2003, 31.

[35] Het *Volledig werk* verklaart 'vendel' zonder meer als 'gezelschap' (A 286), maar de betekenis die Van Dale omschrijft als 'compagnie voetvolk die onder een vaandel stond' is niet zonder belang.

en ziet Laarmans dat vanuit zijn schuilplaats in de moestuin als volgt: 'Daar klinkt gejuich als op een voetbalmatch en ik zie Walter die met iets wits op den arm triomfantelijk naar de anderen toegaat' (98). Hij neemt dus onmiddellijk afstand van het gejuich van zijn huisgenoten, dat hij door de vergelijking 'als op een voetbalmatch' en het woordje 'triomfantelijk' in de negatief geladen sfeer van sportieve competitie plaatst. Ook aan dit hoofdstuk ging in de vroegste uitgaven van *Tsjip* een motto vooraf, dat bij de net geciteerde zin aansluit: '*Als 't kindje binnenkomt juicht heel het huisgezin*', de eerste regel van het gedicht 'Lorsque l'enfant paraît' van Victor Hugo in de vertaling van de negentiende-eeuwse Nederlandse schrijver Nicolaas Beets (V 277).[36] Zoals nog zal blijken, vertoont het romantische spreken over het kind in dat gedicht wel enige overeenkomst met dat van Laarmans over zijn kleinzoon en in die zin is het motto dus een passende samenvatting van het hoofdstuk.[37] Zo kan het ook fungeren als kritiek op de als ongepast voorgestelde reactie van Laarmans' huisgenoten: ook zij juichen wanneer hun kindje arriveert, maar dan wel als voetbalsupporters.

Naast de (sportieve) strijdmetafoor duiken ook het theater en de economie in deze context opnieuw op. Enkele regels verder staat er immers: 'Mijn vrouw, Jan en Ida vliegen op hem af. Een spektakel als toen bij dat huwelijk, telkens als er een geschenk binnenkwam' (98). Behalve de verwijzing naar het beeld van de wereld als een schouwtoneel via het woord 'spektakel', bevat die zin ook een referentie aan het nauwgezette monsteren van de huwelijkscadeaus, dat eerder in de roman aan bod kwam: 'Die in metaal zijn worden van nabij bekeken en op de hand gewogen en onze student is bereid zuren uit het laboratorium mede te brengen om zekerheid te verschaffen' (60). De kleinzoon wordt dus eerder als een voorwerp benaderd dan als een mens – als 'iets wits' (98), al kan die

[36] Beets' vertaling van het gedicht (uit de bundel *Les feuilles d'automne* [1831]) wordt door de verteller Hildebrand voorgedragen in het hoofdstuk 'Er komen menschen op een kopje thee, om verder het avondje te passeeren' van 'De familie Stastok' uit de *Camera Obscura* (1839). Zie Hildebrand 1998, dl. 1, 84-87 en dl. 2, 162.

[37] Bovendien is het het enige motto in de roman dat niet verwijst naar de poëzie van Greshoff of van Elsschot zelf, maar naar de literaire traditie, wat de verschuiving in dit hoofdstuk accentueert.

omschrijving ook te maken hebben met de grote afstand van waarop Laarmans het gebeuren bekijkt. Ook dat soort ontmenselijking kwam, zoals bekend, al eerder voor, bijvoorbeeld in het zinnetje over de verpakte en versierde schoonmoeder. Waar Laarmans zichzelf voorheen geregeld inschakelde in de genoemde metafoorcomplexen, neemt hij er nu expliciet afstand van, een figuurlijke, geestelijke afstand die een tegenhanger krijgt in zijn letterlijke, ruimtelijke afzondering in de tuin. Hij is geen medespeler meer in het toneelstuk van zijn leven, maar definitief een toeschouwer. Tegelijk neemt hij afstand van een al te materialistische visie en kiest hij voor een spiritueel en zelfs religieus referentiekader. In dat opzicht is het ook niet toevallig dat een en ander zich afspeelt in een kustdorp met een heiligennaam: 'Sint Idesbaldus!' (74). Meteen maakt hij zich het bijbelse, profetische en hymnische taalregister eigen dat daarbij past: [38]

> Halleluja! Mijn Verlosser is gekomen. Hij zal mij met mijzelf verzoenen en mij genezen van al mijn kwalen. Door hem zal ik wedervinden waar ik radeloos naar zoek in het zand. [...] Al snak ik naar hem, toch blijf ik tusschen mijn boonen staan, want ik versmaad mijn aandeel in die collectieve vreugd. Ik zal met hem een Verbond sluiten en daar is niemand bij noodig. Mozes óók was op den berg met Hem alleen. Mijn vrouw kijkt rond alsof ze mij zocht. Ik hoor haar iets zeggen en zie dat Jan aan 't rennen gaat. Dat is een estafette voor [café] den Vogelzang. Nu is mijn tijd gekomen. Ik werk mij los uit het groen en wandel rustig op hem toe. Zijn grootmoeder draagt hem op den arm en Adele, die mij ziet aankomen, groet mij niet eens. Zij heeft mij begrepen en houdt een oog op ons eerste contact zooals zij in de kliniek een oog hield op de baker toen die het waagde haren pas gebaarden zoon aan te raken. (98-99)

[38] Voor veel van de bijbels aandoende frasen in het slothoofdstuk van *Tsjip* is moeilijk een precieze bron aan te wijzen. Toch leggen sommige lezers min of meer overtuigende verbanden met zeer diverse bijbelteksten: 'Het jubellied aan het eind van *Tsjip* [...] doet in de verte aan de lofzang van Zacharias denken (Lukas 1: 68-79)' (Datema 1982, 157), 'een vertaling van het *Magnificat*, een nieuw *Hooglied*' (Leijten 2003, 296), 'de lofzang die Anna [...] aanheft (1 Sam. 2:1-10) lijkt mee te klinken in de woorden waarmee Laarmans zijn kleinzoon zegt te zullen gaan onderrichten' (V 290).

Met Laarmans' eerdere ironische uitspraken (onder meer over religieuze onderwerpen) in het achterhoofd lijkt deze wending – zeker voor een achterdochtige eenentwintigste-eeuwse lezer – wellicht verdacht of op zijn minst lachwekkend. Maar ik wees er al op dat het moeilijk is om uit te maken wanneer en in welke mate we Laarmans ernstig mogen of moeten nemen. Laat ik het eens proberen. De kleinzoon wordt in deze passage respectievelijk voorgesteld en begroet als God de Zoon ('Mijn Verlosser') en als God de Vader, met Laarmans als Mozes. Pas als de laatste restjes van het militaire en/of sportieve – 'een estafette' – én van het economische denken – 'mijn *aandeel* in die *collectieve* vreugd'[39] – verdwenen zijn, kan Laarmans de anderen weer benaderen. Zelfs in zijn manier van bewegen is de scheiding nu duidelijk: zijn rustig wandelen staat tegenover het rennen van zijn jongste zoon. De moeizame verbale communicatie van voorheen heeft plaatsgemaakt voor een intens wederzijds begrip waarvoor geen woorden meer nodig zijn: de zwijgende blik zegt alles. Ook die verandering is kennelijk een effect van de komst van de kleinzoon. 'Je komt mij hier ontzetten uit mijn hoofdrol en dan mag ik je wel herdoopen, vind ik', zegt Laarmans tegen Jan, die van dan af Tsjip zal heten, naar het geluid van de mussen in de tuin (99). Ook hier neemt hij dus weer afstand van de theatermetafoor, en als we 'ontzetten' niet lezen als 'iemand uit zijn ambt (of uit de ouderlijke macht) ontzetten' maar als 'bevrijden van belegeraars', krijgt ook de strijdmetafoor een positieve draai. In de plaats van die nu blijkbaar achterhaalde vormen van beeldspraak komt opnieuw een religieus element. Laarmans kent zichzelf een soort priesterfunctie toe als doper. Bij het doopritueel krijgen het woord en de stem uiteraard een bij uitstek zinvolle en performatieve functie. Door iets te zeggen, handelt

[39] Eerder zei Laarmans al over zijn ouders: 'ik heb indertijd mijn *aandeel* gehad in 't breken van hun harten' (98, cursivering van mij). Zie ook Maassen 2003, 34: 'Teruglezend herken je in de woorden die de geestesverschijningen van zijn ouders tot Laarmans spraken een variant op Gods Belofte aan Abraham. [...] Laarmans heeft het oude Verbond met zijn ouders weliswaar geschonden [...], maar de belofte gaat niettemin in vervulling met de geboorte van de kleinzoon-Messias [...]. En zoals God het Verbond met Mozes in de Sinaï vernieuwde, zo vernieuwt Laarmans met zijn kleinzoon nu het oude Verbond met zijn ouders in de achtertuin'.

Laarmans, grijpt hij in op de werkelijkheid, iets waar hij vóór de komst van Tsjip nauwelijks toe in staat was: 'Ik blijf staan en zeg: "Tsjip". En in zijn mondhoeken ontluikt een glimlach. Ja jongen, voortaan heet jij Tsjip' (99). Hetzelfde blijkt uit de volgende passage:

> Tsjip en ik zijn gezworen kameraden. Samen zullen wij door dik en dun gaan, ik voorop. En ieder krijgt zijn werk. Terwijl ik de doornen kap kan hij de bloemen plukken. Langs de baan zal ik hem onderrichten: dat hij veel doen moet van wat ik heb nagelaten en veel nalaten van wat ik heb gedaan; dat hij de gevulde hand moet afstooten; dat hij niet bukken mag voor 't geweld, juichen noch rouwen op bevel van de machthebbers. Dat hij moet opstappen met de verdrukte scharen om vorsten en grooten tot brij te vertrappen. Ik zal met hem het lied der bevrijding aanheffen en zoo bereiken wij samen het land waar die gouden vogel jubelt, véél hooger dan de leeuwerik. Zijn blik zal den booze bedaren; voor rotswanden zal hij de bazuin steken. Geen drek, geen tranen die ons stuiten, want ik zal waden en hij zit op mijn schouder. (99-100)

Ook hier komt het tot een zinvolle synthese van de blik en de stem – het 'onderrichten' door Laarmans, 'het lied der bevrijding',[40] het jubelen van de gouden vogel, het bazuingeschal. Spreken of zingen kan de werkelijkheid beïnvloeden. De naar instemming van de lezer hengelende vraagzinnen, de tentatieve beweringen en de presensvormen van de rest van de tekst, worden hier vervangen door sterk affirmatieve uitspraken in de toekomende tijd. Zoals Jozua de muren van het bijbelse Jericho met priesterlijk bazuingeschal liet vallen om het volk Israëls naar het Beloofde Land te leiden,[41] zal ook de kleine Tsjip alle hindernissen die nog resten, moeiteloos opruimen. Hij zal niet zoals zijn opa in gedachten strijden tegen dragonders van tantes, maar daadwerkelijk een eind maken aan het kwaad en de tirannie. Die expliciet sociale strijd is bij uitstek een voorbeeld van iets dat Laarmans heeft nagelaten, hoewel hij bijzonder klassebewust is en zich gewrongen weet tussen 'menschen van den minderen stand' als zijn schoonouders (39) en iemand van

[40] Zie Datema 1982, 157: 'Mozes zong zijn lied der bevrijding aan de overkant van de Schelfzee, nadat god [sic] de Israëlieten verlost had uit de hand van de Egyptenaren (Exodus 15: 1-21) en met dit lied op de lippen trokken zij naar Het Beloofde Land'.

[41] Zie hoofdstuk 6 van het boek Jozua, vergelijk Goosen 1993, 142.

'den hoogeren stand' als zijn broers vriend Van Schoonbeke (59).[42] Jozua is trouwens niet toevallig de opvolger van Mozes, met wie Laarmans zichzelf identificeerde, en (volgens een typologische interpretatie) een voorafschaduwing van de Verlosser uit het Nieuwe Testament.[43] Door het zinnetje 'ik zal waden en hij zit op mijn schouder' kruipt Laarmans bovendien in de huid van de Heilige Christophorus, die meestal wordt afgebeeld terwijl hij wadend een rivier oversteekt met een reusachtige staf en met het kindje Jezus op zijn rug.[44] Eens te meer wordt dus een religieus duo opgevoerd. Dat Christophorus de beschermheilige van de reizigers is, is nu grootvader en kleinzoon samen op pad gaan, uiteraard niet toevallig. Bovendien past het beeld goed bij de tegelijk leidende en dienende taak die Laarmans op zich neemt in de verhouding tot zijn kleinzoon. Vooral het dienende aspect komt in de allerlaatste alinea van de roman nog eens overduidelijk naar voren:

> En mocht ik ooit mijn lieve vrouw verliezen, dan trek ik naar Polen met pak en zak. Ik zal daar, als het moet, de boodschappen doen en de schoenen poetsen en voor Tsjip als een hansworst op mijn hoofd gaan staan. Want ik ben bereid afstand te doen van alles in ruil voor den ademtocht van dat jonge leven, voor den geur van die ontluikende roos. (100)

Laarmans wil zich indien nodig niet alleen tot de meest banale klusjes lenen, maar zelfs eens te meer tot het opvoeren van een klein spektakeltje ('als een hansworst op mijn hoofd gaan staan'), al heeft hij dat in alle andere omstandigheden afgezworen.

Aan het slot van de roman *Tsjip* lopen we, zoals blijkt uit de verschuivingen in de verteltechniek, een nieuwe Frans Laarmans tegen het lijf. Feest is geen noodzakelijk kwaad meer, maar extatisch en bevrijdend gejubel. De omgang tussen mensen is niet langer een

[42] Janssen 1938, 186 wijst op 'den, zij het nog revolutionnairen, levensernst' en '[d]e socialiseerende strekking' van deze passage. De retoriek ervan doet dan ook minstens zozeer aan de Internationale denken als aan 'nationalistische strijdtaal' (A 288). Vergelijk voorts Friedman 2001: 'die regel lijkt rechtstreeks ontleend aan Psalm 72, waar het heet: "Hij verschaffe recht aan de ellendigen des volks, hij redde de armen, maar verbrijzele de verdrukker." Of aan de oude berijming van Psalm 146: "'t Is de Heer, die 't recht der armen, der verdrukten gelden doet"'.

[43] Goosen 1993, 143.

[44] Goosen 1992, 94-98.

WILLEM ELSSCHOT MET KLEINZOON
OP ZIJN BUITEN TE KOKSIJDE (1933)
„Want ik zal waden en hij zit op mijn schouder." (Tsjip, 2e druk, p. 131)

De verleiding van een autobiografische lectuur: illustratie uit *Willem Elsschot. Zijn leven, zijn werk en zijn betekenis als prozaschrijver en dichter* van Frans Smits (Brussel 1952).

strijd, een komedie of een handelstransactie, maar een religieus verbond, een gezamenlijke reis en een leerproces. Monteyne typeert het einde van *Tsjip* als volgt:

> Maar geen enkele bladzijde [...] in heel het oeuvre van Elsschot, lijkt zoo volledig doordrenkt van wat sedert alle eeuwen des menschen is, als deze waarin van het eerste contact tusschen grootvader en kleinzoon wordt verhaald. Al het anecdotische [...] wijkt dan terug voor wat essentiëel heten mag en in den meest volkomen eenvoud groeit grootschheid op uit de banaliteit van enkele gewone details en de verteedering, welke iedere verwachting doet ontstaan... [...] Thans vindt de schrijver tot uitdrukking van zijn liefde, spontaan woorden, die in hun simpelheid aan bijbelsche grootheid herinneren.[45]

Recent schreef ook de Nederlandse romanschrijver Marcel Maassen nog: 'Het slot van de roman neemt een unieke plaats in binnen Elsschot's oeuvre. Nergens is de schrijver zó lyrisch, nergens is de vlucht zó hoog en blijft de val zó nadrukkelijk uit'.[46] Maar het gaat verder: in de zeventig jaar sinds het verschijnen van *Tsjip* is nauwelijks een lezer te vinden die het slot niet volkomen ernstig neemt.[47] Deze standaardinterpretatie lijkt overigens tegemoet te komen aan de receptie die Elsschot voor zijn roman beoogde. Tussen het werken aan *Tsjip* door schrijft hij tenminste aan Jan Greshoff:

> 't Heeft ditmaal niets met zaken te maken. 't Is een eenvoudige geschiedenis die optimistisch eindigt. Stel je gerust. Met de stijl is alles in orde en de *strekking* is niet optimistisch, want ik houd niet van strekkingen. 't Eindigt alleen met een blijde gebeurtenis die mij zooveel plezier heeft gedaan dat het boek niet anders eindigen kòn. Nooit was ik zoo blij als op 't oogenblik, als ik denk aan het slot dat ik schrijven ga.[48]

Toch is het niet onwaarschijnlijk dat een hedendaagse lezer het (gezien de 'stijl' en de 'strekking' van de voorafgaande hoofdstuk-

[45] Monteyne 1934.

[46] Maassen 2003, 33.

[47] Vergelijk bijvoorbeeld ook Roelants 1943, 91-92; Steenberg 1982, 136-137; De Moor 2002, 6-7. Filip De Pillecyn is bij mijn weten de enige contemporaine recensent van *Tsjip* die het slothoofdstuk inzet bij een negatieve evaluatie van de roman (De Pillecyn 1935).

[48] Elsschot 1993, 138. Brief van 14 december 1933.

ken) moeilijk heeft om niet op zijn minst de wenkbrauwen te fronsen wanneer een verteller als Laarmans hem plotseling wil doen geloven dat hij een religieus geïnspireerde ommekeer heeft doorgemaakt.[49] En ook wie dat wel wil aannemen, moet misschien glimlachen bij de alle kanten uitwaaierende religieuze retoriek, waar Laarmans kennelijk weinig greep op heeft.[50] Wat is overigens – Laarmans kennende – de kans op slagen van zijn grootse toekomstvisioen? Literair-historisch bekeken lijkt een dergelijke tegendraadse, haast kwaadwillige lectuur nochtans niet meteen pertinent. Zelfs een liefhebber van Elsschots ironie als Menno ter Braak vond die in het slot van *Tsjip* (anders dan in het catechismushoofdstuk!) kennelijk niet terug.[51] In een brief aan Ter Braak typeert zijn spitsbroeder E. du Perron *Tsjip* als 'after all een laag-bij-de-grondsch kletsboek, dat steeds vervelender wordt', wat lijkt te bevestigen dat ook hij in het slot alleen huiselijkheid en grootvaderlijk geluk vond.[52]

Tot slot

De zinsnede 'het land waar die gouden vogel jubelt, véél hooger dan de leeuwerik' (100) in het laatste hoofdstuk van *Tsjip* verwijst terug naar de laatste zin van de inleidende 'Opdracht' waarmee de roman opent. Daar luidt het: '*Mogen vrouw en kinderen mij vergeven dat ik hen een laatste maal verloochen voor die vermaledijde heerlijkheid waar een gouden vogel jubelt, véél hooger dan de leeuwerik*' (10). Die zin wordt in de mond gelegd van een naamloze ikfiguur die weliswaar veel overeenkomsten vertoont met Frans Laarmans, maar toch niet helemaal met die laatste samenvalt en die symbool kan staan voor de schrijver in het algemeen en voor de schrijver

[49] In de Elsschotstudie is een zeldzaam voorbeeld daarvan te vinden bij Van de Perre 1996, 279-80.

[50] Al valt een en ander natuurlijk ook te interpreteren als bewijs voor de radicale, alles overrompelende ommekeer, net zoals het niet moeilijk is om eventuele bewuste ironie ten aanzien van religieuze zaken te interpreteren als ''n skans [...] waaragter juis 'n verlange na Godsekerheid skuil' en te stellen 'dat die humoristiese voorstelling 'n oorgevoeligheid moet verberg' (Steenberg 1982, 136-137).

[51] Vergelijk Rymenants 2000, 27-28.

[52] Ter Braak en Du Perron 1965, 59. Brief van 5 november 1934.

Willem Elsschot in het bijzonder.[53] Die ik vertelt hoe hij na de laatste van vele reizen naar een ver land terugkeert naar zijn gezin en zijn werk. Hij besluit het trekken op te geven, maar de komst van een kleinzoon brengt hem ertoe opnieuw op pad te gaan. Het reizen is onder meer te lezen als een metafoor voor het schrijven, voor de literaire activiteit. Om tot die interpretatie te komen, hoeft de lezer niet te wachten tot het later gepubliceerde en vanaf de tweede druk (in 1936) aan de roman toegevoegde nawoord 'Achter de Schermen', waarin ze expliciet wordt aangereikt (103). Ze is vanaf de eerste druk duidelijk ingeschreven in de 'Opdracht' zelf. De leeuwerik staat immers bekend om zijn luide, vrolijke en muzikale gezang en om de hoge vlucht die hij al zingend neemt. Die kenmerken maken hem tot een klassiek literair symbool voor de dichter.[54] Een vogel die '*jubelt, véél hooger dan de leeuwerik*' voert alles waar die laatste symbolisch voor staat tot het uiterste, waarbij de uitzonderlijkheid nog verhoogd wordt doordat het om een 'gouden' vogel gaat. Zijn land is dus dat van de dichter of de dichterlijkheid bij uitstek, dat van het verheven literaire spreken. Versterkt een dergelijke lectuur van de 'Opdracht' (waarvan ik hier slechts de hoofdlijnen kan schetsen) de slotrede van Laarmans, of creëert ze er juist een ironisch contrast mee?

In ieder geval lijkt de ikverteller van de 'Opdracht' zich niet echt thuis te voelen in het land van de literatuur: hij noemt het een '*vermaledijde heerlijkheid*'. En enkele alinea's eerder schreef hij erover: '*Trouwens, ginder ver is geen plaats voor kerels met een schorre stem, die weten hoe 't in 't leven gaat. Ook dáár voelt zoo een zich ten slotte verlaten. Ook dáár is men eindelijk nog slechts een vieze vlek in een onbezoedeld landschap, een hoopje vuil in de feestzaal*' (10). Het allegorische verhaal uit de 'Opdracht' lijkt perfect van toepassing op

[53] De Smedt 1999, 117 heeft het dan ook niet zonder reden over '[d]e ikfiguur (Laarmans-Elsschot)'. Het probleem van de identiteiten die de tekst construeert voor de ik uit de 'Opdracht' (Elsschot?) en de ikverteller Laarmans, kan hier niet worden uitgespit. Het lijkt in ieder geval onjuist om de twee zonder meer gelijk te stellen (zoals wel vaak gebeurt: Grové 1976, 11; De Moor 2002, 2, 4, 7; Van Zyl 1983, *passim*). In de 'Opdracht' is bijvoorbeeld duidelijk een zelfstandige, door de wol geverfde zakenman met enige reputatie aan het woord, terwijl Laarmans een eenvoudige kantoorklerk is.

[54] Vergelijk Ferber 2001, 104-105.

de positie van de schrijver Elsschot in de Vlaamse literaire 'feestzaal' van de jaren dertig. *Tsjip* wordt daarin gretig binnengehaald dankzij het optimistische slot, maar evengoed als een ongewenst element ervaren wegens bijvoorbeeld het weinig orthodoxe catechismushoofdstuk. Elsschots volgende roman *Pensioen* (1937) brengt in die typerende spanningsverhouding geen verandering, integendeel. In 1938 bekroont een grotendeels katholieke jury dat boek, overigens niet zonder interne discussie, met de Prijs der Vlaamsche Provinciën.[55] De jezuïet Emiel Janssen, die de moderne literatuur in het algemeen en het werk van Elsschot in het bijzonder zeker niet gunstiger gezind is dan de eerder genoemde recensent van *Jong Dietschland*, voelt zich door zijn geloofsgenoten 'op de vingers getikt' en neemt zich voor zijn 'eigen oordeel grondig te herzien' in een uitvoerig essay waarin hij Elsschots oeuvre opnieuw de revue laat passeren.[56] Daarin luidt het onder meer:

> De laatste bladzijden van *Tsjip* [...] werden door Elsschot nergens overtroffen; in verband daarmede krijgt de "Opdracht" klank en bewogenheid: wanden verschuiven, een andere wereld gaat open! Neen, de oude beslotenheid bleef. *Pensioen*, een verhaal van baatzucht en bedrog, viel terug in het kleine genre van *Een ontgoocheling*, zelfs even in het valsche van *De verlossing*. Tot uitersten opgedreven, verliest het sarcasme zijn steun van ernst![57]

Janssen blijft katholieke lezers dan ook tegen Elsschot waarschuwen, al heeft hij tegen de bekroning op zichzelf geen bezwaar.

Elsschots literaire heiligverklaring kreeg pas definitief haar beslag na de Tweede Wereldoorlog. Vandaag, goed zeventig jaar na het verschijnen van *Tsjip*, is Willem Elsschot een van de eregasten in de feestzaal van de Nederlandstalige literatuur. Hij is op het Mechelseplein te Antwerpen in brons vereeuwigd door Wilfried Pas, een Willem Elsschot Genootschap zingt onophoudelijk zijn lof, de verfilmingen van zijn romans volgen elkaar in hoog tempo op en zijn *Volledig werk* ziet het licht in een prestigieuze, wetenschappelijk verantwoorde editie. Elsschot is, kortom, een onbetwiste canonfiguur geworden. Juist daarom is het, tot slot,

[55] Zie daarover Daane 2001, 155-157.
[56] Janssen 1938, 182.
[57] Idem, 186.

Uitreiking van de Prijs der Vlaamsche Provinciën aan Willem Elsschot, 15 oktober 1938 (archief *Gazet van Antwerpen*). Elsschot (tweede van rechts) wordt geflankeerd door Gerard Walschap (bekroond voor het beste kinderboek) en Emiel Fleerackers s.j. (bekroond met de oeuvreprijs). In het midden baron Georges Holvoet, gouverneur van de provincie Antwerpen.

misschien wel goed om eraan te herinneren hoe hij zichzelf midden de jaren dertig, op het hoogtepunt van zijn literaire activiteit, wenste te profileren. Als vieze vlek, als hoopje vuil, als luis in de soutane van pater Janssen en de zijnen…

Geraadpleegde literatuur

DAANE 2001: M. Daane, 'Geen haast met de betaling. Elsschot in de prijzen – en soms ook niet'. In: *De Parelduiker*, 6 (2001), 4-5, 152-161.

DATEMA 1982: J. Datema, 'Elsschot en de bijbel'. In: A. Kets-Vree (red.), *Over Willem Elsschot. Beschouwingen en interviews.* 's-Gravenhage 1982, 153-160.

DE MOOR 2002: W. de Moor, 'Willem Elsschot. Tsjip/De leeuwentemmer'. In: *Lexicon van literaire werken*, augustus 2002.

DE PILLECYN 1935: F. De Pillecyn, 'Tsjip'. In: *Nieuw Vlaanderen*, 1 (1935), 10, 4.

DE SMEDT 1999: M. De Smedt, 'Elsschots *Kaas* en *Tsjip* en het tijdschrift *Forum*'. In: E. Brems e.a. (red.), *Van Hooger Leven tot De Vlag. Literatuuropvattingen in Vlaanderen (1920-1940)*. Leuven 1999, 101-120.

ELSSCHOT 1993: W. Elsschot, *Brieven*. Ed. V. van de Reijt en L. Paris. Amsterdam 1993.

— 2003a: W. Elsschot, *Kaas*. Ed. P. de Bruijn e.a. Amsterdam 2003.

— 2003b: W. Elsschot, *Tsjip. De Leeuwentemmer*. Ed. P. de Bruijn e.a. Amsterdam 2003.

FERBER 2001: M. Ferber, *A Dictionary of Literary Symbols*. Cambridge 2001.

FRIEDMAN 2001: C. Friedman, 'Halleluja, mijn Verlosser is gekomen'. In: *Trouw*, 22 december 2001.

GOOSEN 1992: L. Goosen, *Van Afra tot de Zevenslapers. Heiligen in religie en kunsten*. Nijmegen 1992.

— 1993: L. Goosen, *Van Abraham tot Zacharia. Thema's uit het Oude Testament in religie, beeldende kunst, literatuur, muziek en theater*. Nijmegen 1993.

GRESHOFF 1934: J. Greshoff, *Gedichten 1907-1934*. 's-Gravenhage 1934.

GROVÉ 1976: A.P. Grové, 'Inleiding'. In: W. Elsschot, *Tsjip*. Ed. A.P. Grové. Pretoria/Kaapstad 1976, 7-20.

HAMMOND 2001: J. Hammond, *A Preface to H.G. Wells*. Harlow e.a. 2001.

HAMON 1996: P. Hamon, *L'ironie littéraire. Essai sur les formes de l'écriture oblique*. Paris 1996.

HANSSEN 2001: L. Hanssen, *Sterven als een polemist. Menno ter Braak 1902-1940. Deel twee 1930-1940*. Z.pl. 2001.

HILDEBRAND 1998: Hildebrand, *Camera Obscura*. Ed. W. van den Berg e.a. Amsterdam 1998.

JANSSEN 1938: E. Janssen, 'Willem Elsschot'. In: *Streven*, 6 (1938-1939), 2, 182-189.

LEIJTEN 2003: J. Leijten, 'Kleinzoon'. In: J. Leijten, *Kleine hebzucht loont niet. Kronieken*. Z.pl. 2003, 294-297.

MAASSEN 2003: M. Maassen, 'Het hart, niet het hoofd. Over de stijl van Willem Elsschot'. In: *Bzzlletin*, 31 (2003), 284, 25-35.

MARKS-VAN LAKERVELD 1977: G. Marks-van Lakerveld, *Over Lijmen/Het been van Willem Elsschot*. Amsterdam 1977.

MATERMAN 1986: B. Materman, *Menno ter Braak en het dramaturgisch perspectief*. Amsterdam 1986.

MONTEYNE 1934: L. Monteyne, 'Een nieuw boek van W. Elsschot'. In: *De Nieuwe Gazet*, 20 december 1934.

— 1938: L. Monteyne, 'Een nieuw verhaal van Willem Elsschot'. In: *De Dag*, 24 december 1938.

ROELANTS 1943: M. Roelants, 'Het meesterwerk van Willem Elsschot. Tsjip'. In: idem, *Schrijvers, wat is er van den mensch?* Brussel/Rotterdam 1943, 90-92.

RYMENANTS 2000: K. Rymenants, 'Elsschot en de Forumianen. Aspecten van de kritische receptie van zijn proza (1933-1939)'. In: *Spiegel der Letteren*, 42 (2000), 1, 19-48.

STEENBERG 1982: E. Steenberg, 'Tsjip (Willem Elsschot)'. In: *Tydskrif vir Letterkunde*, 20 (1982), 3, 131-137.

TER BRAAK EN DU PERRON 1965: M. ter Braak en E. du Perron, *Briefwisseling 1930-1940. Deel III.* Ed. H. van Galen Last. Amsterdam 1965.

V. 1935: V., 'Van het Forum naar het hol van Kassandra'. In: *Jong Dietschland*, 9 (1935), 1, 15-16.

VAN DE PERRE 1996: R. Van de Perre, 'De aanwezigheid van het christendom in het werk van Elsschot'. In: L. Daems (red.), *Willem Elsschot. Vlaanderen*, 45 (1996), 5, 278-281.

VAN ZYL 1983: W. van Zyl, 'Tsjip (Willem Elsschot)'. In: *Tydskrif vir Letterkunde*, 21 (1983), 2, 147-156.

VERVLIET 1977: R. Vervliet, *Het dwaallicht achterna. Theorie en model voor een synthetische interpretatie van het literaire werk.* Gent 1977.

VILLERIUS 1999: J.C. Villerius, '*Het dwaallicht* van Willem Elsschot. Uitweiding over een uitweiding'. In: W. 't Hoen en V. van de Reijt (ed.), *Elsschot leest voor. De briefwisseling tussen Willem Elsschot en Jan C. Villerius.* Amsterdam 1999, 133-143.

Wat hoort men nu in dorpen en steden? Horror, sensatie en belering in het Vlaamse moordlied

STEFAAN TOP*

Inleiding

Eeuwenlang hebben zangers rondgetrokken om al dan niet in gezelschap van vrouw, kinderen of andere verwanten een boodschap van vreugde, smart, angst, horror of sensatie te verspreiden. Deze ambulante poëten genoten in bepaalde negentiende-eeuwse kringen weinig prestige, werden door het establishment veelal als *quantité négligeable* gelabeld en door de overheid angstvallig in de gaten gehouden. Eén citaat om deze afwijzende houding te illustreren moge volstaan:

> Ons volk zingt dus nog! Maar hoe?
> Hier moeten wij Pastor Verriest gelijk geven: ons Volkslied is ellendig, onhebbelijk!
> Nog altijd gelijk voor dezen is de marktzanger bij ons landvolk de leeraar in 't vak, de zangmeester gebleven. 't Schijnt ons zelfs dat zijn rijk in de laatste jaren is toegenomen: waar hij in vroeger tijden de kermisdagen afwachtte om zijne "kunst" te laten genieten, zien wij hem nu op gewone zondagen, omtrent onze kerkdeuren zijn arm tooneel opslaan: nog dromt en troppelt ons volk daar rond, en als de zanger met de heesche keel zijn liedjen uitgeschreeuwd heeft en zijne waren aan den man wil brengen, onmiddellijk steken twintig handen uit om eerst bediend te zijn.
> Veertien dagen later zijn die zangen mondsgemeen geworden op onze dorpen: hoort men ievers zingen, 't zijn de laatste nieuwe, – de moord van de streke of een wanstaltig vrijerslied – die boven kraaien; het gaat er met diezelfde ellendige uitsprake, die eigenste neus- en

* Stefaan Top is hoogleraar volkskunde aan de afdeling Nederlandse literatuur en volkskunde van de K.U.Leuven.

Afb. 1: Jan Garemijn (1712-1799) - Marktscène voor het Pandreitje (oude gevangenis in Brugge). In de rechterbenedenhoek staat een marktzanger op een verhoog. Hij verkoopt liedblaadjes en wijst tegelijk naar een rolprent.

> keelklanken, gelijk het lied uit den mond van den "meester" gevallen is.
> 't Is in dien mageren voorraad dat ons landsche volk zijne leefte gaat putten, zijne behoefte moet voldoen, naar zang en lied.[1]

Opvallend is dat onze gerenommeerde volksliedspecialisten zoals Florimond Van Duyse, Jan Frans Willems, Jan Bols en anderen evenmin met de marktzangers dwepen en ze zelfs compleet negeren. Het mag een troost wezen dat de situatie in het buitenland nagenoeg dezelfde is... Maar bij het volk konden deze straatartiesten op erkenning en waardering rekenen. Trachtten zij immers niet als *primi inter pares* te vertolken wat onder de mensen leefde? En vooral waren zij geen interessante nieuwsbrengers? In een tijd van relatief geringe mobiliteit en gesloten gemeenschappen, zeker

[1] Persyn 1901, 53.

op het platteland, wisten deze muzikale vaganten indruk te maken met hun complexe optreden, dat steevast bestond uit commentaar, zang en muziek, en vaak geïllustreerd werd door één of andere fel gekleurde rolprent, die dienst deed als visuele ondersteuning van wat gezongen en 'geëxplikeerd' werd. De verkoop van het gedrukte liedblad was evenwel het finale streven van elke marktzanger. Om zijn financiële doelstellingen te realiseren had hij er alle belang bij een zeer gevarieerd repertorium op te bouwen en aan te bieden. Vandaar dat marktzangers alle mogelijke onderwerpen bezongen en er als de kippen bij waren om dramatische, amoureuze, pikante en sensationele evenementen in geuren en kleuren te bezingen. Prikkelde de liedstof op zich al de aandacht van de luisteraars, dan kwam het er verder op aan om deze inhoud op een boeiende manier aan de man en de vrouw te brengen. Dat de ene marktzanger daar beter in slaagde dan de andere, hoeft geen betoog. Feit is dat de verschijning van een gedreven, getalenteerde en doorgewinterde marktzanger als een attractie werd beschouwd, waarvoor men graag naar de geldbeugel greep. We zijn het dan ook eens met de analyse van Tom Cheesman, die stelt:

> The shocking ballad picture show is a tradition of publication, performance and trade. For four centuries, itinerant 'picture-singers' retailed printed 'news-songs', most of them stock formula fictions or legends, to the population at large. Their performances involved the use of paintings, music and drama as well as recitation and print: this popular cultural institution anticipated the cinema, broadcasting and the tabloid press.[2]

Soorten zangers

Omdat het begrip marktzanger aanleiding kan geven tot verwarring, lichten we dat eerst toe. We volgen daarbij de indeling van Roger Hessel, die verschillende categorieën rondtrekkende zangers onderscheidt.[3] Zo zingen bedelzangers om wat geld of andere zaken te krijgen. Ze trekken vaak van deur tot deur of staan aan de in- of uitgang van één of ander publiek gebouw, waar veel volk over

[2] Cheesman 1994, IX.
[3] Hessel 2002, 36-38.

Afb. 2: Frans Van Kuyck - Antwerpen wereldtentoonstelling 1894: zingend marktzangerspaar in actie.

de vloer komt. Vaak zijn ze vergezeld van (eigen) kinderen, die ze geregeld doen wenen om medelijden op te wekken. Een andere groep zijn de straatzangers. Zij trekken rond, hebben geen vaste plaats, zingen enkel voor het geld, dat men in een hoed of een schoteltje moet leggen, en verkopen meestal geen liedbladen. Een derde categorie vormen de gelegenheidszangers. Zij manifesteren zich bij bepaalde gelegenheden als straatzangers. Zingen is voor hen een occasionele bezigheid, en hun liederen hebben veelal een fictieve inhoud. Tenslotte kennen we de marktzangers. Zij zijn een soort van standwerkers, die zich op regelmatige tijdstippen ergens presenteren. Ze trachten een vaste standplaats te hebben op de markten, zodat de mensen hen gemakkelijk kunnen vinden. Zij zijn geenszins bedelaars en willen door de verkoop van liedblaadjes op een eerlijke manier hun brood verdienen. Marktzangers hebben inderdaad eergevoel. De onderwerpen die zij bezingen zijn meestal ware gebeurtenissen: natuurrampen en andere ongevallen, niet-alledaagse verschijnselen, gruwelijke misdaden, weerzinwekkende feiten, allerhande moorden, romantische avonturen die fataal eindigen, oorlogsgebeurtenissen, tot de verbeelding sprekende sportevenementen, enzovoort. Vroeger stonden zij meestal op een verhoog of bankje, vandaar de benaming *Bänkelsänger* in het Duits en *bench-singer* in het Engels. Ze maakten ook vaak gebruik van een rolprent, plakkaat of 'smartlap' om de meest dramatische elementen in hun gebeurtenisliederen visueel te accentueren. Marktzangers zijn hoe dan ook kleurrijke figuren, die in eerste instantie allerlei nieuwtjes verspreiden. Ze gaan daarbij vaak sensationeel te werk en durven het aan af en toe kritiek te spuien. Vandaar dat heel wat Vlaamse auteurs in meerdere of mindere mate aandacht hebben besteed aan het fenomeen marktzanger en hen in hun literaire oeuvre een bescheiden plaats hebben gegeven. Voorbeelden daarvan vinden we bij Lode Baekelmans, Cyriel Buysse, Ernest Claes, Hendrik Conscience, Victor Huys, August en Jan Snieders, Stijn Streuvels, Ernest Ternest, Felix Timmermans, Jan Van Contich (A. Hans), Emiel Van Hemeldonck, Edward Vermeulen (Warden Oom) en Omer Wattez.[4] Om dezelfde reden hebben verschillende

[4] Top 1985, 151.

schilders en grafici de marktzangers afgebeeld in hun markt- en kermistaferelen.

Joseph Sadones

Een exponent van de marktzanger oude stijl is ongetwijfeld de begaafde Oost-Vlaming Joseph Sadones, op 6 december 1755 in Opbrakel geboren als vijfde kind in het gezin. Op zeer jonge leeftijd verliest hij in een paar jaar tijd zijn ouders. Nadat hij heeft leren lezen en schrijven – in die tijd is dat niet zo evident – leert hij de marktzangersstiel bij een zekere Jan-Baptist Dierickx (1725-1795), met wie hij vaak een duo vormt. Op 23 augustus 1783 huwt hij de dochter van een Antwerpse marktzanger, Joanna Philippina van Werelyckhuyzen. Samen doen ze jaren de markten. Na het vierde kind blijft zij thuis en houdt er de winkel open 'Van boeken en pampier,/ van linten en van gaeren;/ Ook van wat pottery soo/ in het groot als kleyn'.[5] Haar man blijft rondtrekken en zingen, nu eens met zijn broer Jan Francis, dan weer met de oudere Dierickx, en vanaf 1797 met zijn eigen kinderen. Op 18 oktober 1816 overlijdt Sadones in Geraardsbergen op 61-jarige leeftijd.

Het staat vast dat Sadones een niet onaardige literaire productie heeft achtergelaten. Hij heeft immers niet alleen naam gemaakt als getalenteerde ambulante zanger, maar tevens als auteur van enkele toneelstukken en medewerker aan een viertal almanakken.[6] In een doorgedreven repertoriumstudie heeft Frans Vos 250 Sadonesliederen kunnen samenbrengen. Daarvan zijn er twaalf moordliederen. Wegens hun thematische en stilistische relevantie zullen we er enkele van naderbij bekijken.

In een eerste lied richt een jonge oudermoordenaar zich in de eerste strofe tot 'Jongheden van land en steden,/ zoo wel mans als vrouw geslagt' (1, 1-2).[7] Te laat dringt het tot hem door wat hij allemaal heeft misdaan. Nauwelijks 19 jaar oud verkwist hij 'door duyvels list gekwelt' (2, 6) dagelijks eer en geld. Hij steelt ongeveer tweehonderd kronen bij zijn ouders (3, 2-3), en 'door boeleeren, drinken, schenken,/ loopen, zwieren, vroeg en laet' (3, 5-6) misleidt Satan hem 'tot nog eene schrikbaer daet' (3, 8). Hij wordt lid van een bende 'dieven,

[5] Vos 1977, deel 1, 22.
[6] Idem, 24-25.
[7] Vos 1977, deel 2, 70-72.

Afb. 3: Constant van Offel - Zingend marktzangerspaar, begeleid door een harmonicaspeler, trekt de aandacht van groot en klein.

Afb. 4: Anonieme rolprent met voorstelling van het lied 'De klagende weduwe'. Volkskundemuseum Antwerpen.

schelmen, lands-verraeren' (4, 3) en pleegt met hen menige moord. 'Door de deuyvels booze raeden' (5, 3) beslist hij met zijn trawanten zijn ouders te bestelen en hen te doden. Met een boomstam dringen ze 's nachts in de woning, vinden de ouders in de slaapkamer en eisen 'hun leven en geld' (6, 8). Dan gebeurt het onvermijdelijke:

> Ik heb myn moordtuyg gesteken,
> in het hert van mynen vaer;
> myn moeder schier half bezweken,
> riep: ô zoon! uw oud'ren spaer,
> die u hebben opgevoed!

waerom wilt gy hun thans sneven?
en versmagten in hun bloed!

Bedenk toch de pyn en smerte,
die in 't baeren voor u leed,
peyst hoe gy laegt aen myn herten,
verzagt uw gemoed zoo vreed,
aenziet myne oude dagen,
jont u moeder toch genae,
Jesus wilt my onderschraegen!
en gy moeder Maria. (7-8)

Helaas 'Vrugteloos was al haar weenen;/ ik doorschoot myn moeders kop' (9, 1-2). De buit, met name 'geld en schatten' (9, 4), hebben ze meegenomen. Bij het verlaten van de woning 'heeft de wagt ons g'attaqueert;/ en ons om onze vreedheden,/ naer het kot getransporteert' (9, 8). De arrestatie vormt een onverwachte overgang naar een perspectiefloos einde. De moordenaar wacht nu op het vonnis en bereidt zich voor 'om van de weireld te scheen' (10, 4). Maar eerst wil hij nog een boodschap ventileren, namelijk:

ô jongheyd van land en steden,
vlugt d'ondeugd en schouwt het kwaed,
bid dat God myn ziel op heden,
wilt ontfangen in genaed. (10, 5-8)

Deze klacht sluit naadloos aan bij de eerste strofe van dit lied, dat niets anders is dan een emotionele en berouwvolle getuigenis van iemand die zwaar in de fout is gegaan en dat ook ten volle beseft. Het is evident dat de zanger-dichter Sadones hier duchtig gebruik maakt van zijn poëtische vaardigheid om dit monsterlijke gedrag niet alleen met woorden te beklemtonen, maar het ook vierkant af te keuren en het zelfs christelijk in te kleuren. Wie tot zo'n wandaden in staat is, moet inderdaad des duivels zijn. Dit verklaart waarom de jonge man met een 'schrikbaer boos gedagt' (1, 4) als zoon-verrader door 'd'ondeugd' werd vernield (2, 4). Tot driemaal toe vermeldt de zanger dat de anonieme oudermoordenaar het slachtoffer werd van de duivel (2, 6; 3, 7; 5, 3), die hem dagelijks eer en geld deed verkwisten met 'dertel vrouwspersoonen' (3, 1) en nooit gehoorde schelmstukken deed bedrijven met moordenaars.

De climax van dit lied is ongetwijfeld de dramatische confrontatie van de zoon met zijn ouders. De retoriek bereikt haar hoogtepunt, wanneer de moeder 'schier half bezweken' (7, 3) haar zoon aanspreekt, nadat hij zijn vader in koelen bloede heeft vermoord. Met allerlei exclamaties, vragen en aanroepingen tot Jezus en moeder Maria doet zij hopeloze pogingen om de moorddrang van haar zoon af te remmen, evenwel zonder succes...

De afwikkeling van het drama verloopt snel, alsook de afrekening. Met 'uytberstende klagten,/ opgekropt van nae-geween' (10, 1-2) wacht de moordenaar nu op zijn vonnis. Hij realiseert zich perfect hoe het zover is kunnen komen en hoopt in extremis op de redding van zijn ziel. De jonge moordenaar is uiteindelijk tot inkeer en tot rust gekomen. De zanger formuleert dit op zijn manier in de titel van het lied als volgt: 'Dees schrikkelyk geval kan ongeloovig schynen,/ doch het kan oud en jong een ledig uer verdwynen,/ en hun maeken bevreest al wie de deugd niet eert,/ dat God hun straffen kan naervolgens zyn begeert'.

Een gruwelijk familiedrama

Nog schrijnender is de liedstof, die Sadones – zoals hij het zelf meedeelt onderaan het liedblad – 'getrokken [heeft] uyt den Journal du Commerce' en met de volgende titel omschrijft: 'Gezang (toegepast aen de gemoeds-knaeging) eens vreede moordenaeresse, genaemd Magdalena Albert, oud 23 jaeren, die haeren vader, moeder en twee zusters heeft vermoord, in de gemeynte van Biozat, op den 13 january 1811'.[8] De vrij informatieve titel laat het ergste vermoeden. Dit wordt bevestigd door de eerste strofe, waarin een jonge vrouw zichzelf beschuldigend en anderen waarschuwend als volgt het woord neemt:

> Hoord hier hooveirdig vrouw geslagt
> hoord hier myn rouw-klagt zingen,
> hoord hoe myn trotsheyd ende pragt,
> my in myn jeugd kwam bringen,
> Tot de aldergrouwzaemste moord,

[8] Idem, 221-223.

Die m'oyt ter weireld heeft gehoord,
Hoe knaegt hier myn gewisse
in de gevangenisse.

De vrouw bekent openhartig dat ze haar ouders, 'twee brave lieden' (2, 2), dag en nacht kwelde om hen 'kleed'ren naer de modedragt' (2, 6) te vragen. Maar de zaken gingen slecht en haar vader moest een stuk land verkopen. De dochter wou nu echter een nieuw kleed, maar haar vader wou eerst de 'schuld-eysschers' (3, 8) vergoeden. Op deze weigering reageert de modepop furieus:

Ik koppig vol hooveirdigheyd,
'K ded myn ouderen te gaeder
Terging, laster ende verwyt,
Ik noemde mynen Vader:
Verkwister, luyaert zonder hert (4, 1-5)

De vader pikt deze verwijten niet en stuurt haar naar bed. De wrokkende dochter 'van Satan bezeten' (5, 2) is een kwartier later opgestaan. Haar relaas van wat er dan gebeurt, luidt:

'K naem op een byl met veel gedruys,
Ik sprong uyt de kamer in huys,
Zusters, Broers, Moeder, Vader
Zaten by 't vuer te gader.

'K riep tot myn Vader: sterft tyran,
En eer hy konde spreken
Klof ik met 't byl hem d'hersen pan,
Is in zyn bloed bezweken;
Hier op schreeuwde g'heel 't huysgezin,
Ik als de vreedste tygerin,
'K gaf myn Moeder vyf slaegen,
Zy stierf jammer al klaegen.

Myn een Zuster oud elf jaer
Gaf ik met veel gerugte,
Met 't zelfde byl een slag, gans zwaer,
Die onder een bed vlugte;
d'ander zuster: ô vreed bedryf
Geklest aen haere Moeders lyf,
Rukt ik af, 'k heb vermeten
'T kind in een put gesmeten. (5, 5-8; 6-7)

Het was duidelijk haar bedoeling 'g'heel het huyshouden te gaer te maeken het slagt-offer' (8, 1-2). Een broer van dertien jaar kan zich evenwel achter een koffer verbergen en is roepend naar buiten gevlucht. Als een razende is ze dan in huis verder te keer gegaan:

De schuyme stond op mynen mond,
Al vloeken knesteltanden,
Liep ik als woedende ras rond,
Met moordtuygen in d'handen;
Ider die dugte myn geweld,
Ik naem uyt de kas al het geld,
En ging verwoed myn gangen;
Maer wierd wel haest gevangen. (9)

Nu ze opgesloten zit, meent ze de schimmen van de doden te zien, die haar verwijten. Het 'moordaedig kind' (10, 6) beklaagt zich en wacht vol droefheid op de doodstraf, volgens de zanger een logisch gevolg van zo'n wangedrag, want 'de straf volgt het misdaed altyd' (11, 1).

Dit familiedrama grijpt de dichter-zanger aan om met vermanende vinger een duidelijk belerende en christelijk geïnspireerde boodschap te formuleren, namelijk:

ô Vaderlandsche maegden,
Wilt trotsheyd en hooveirdigheyd,
In uwe jeugd versmaeden,
Gaen uw oud'ren van goed'ren af
Helpt die liever tot aen hun graf,
Dan zal Godt in dit leven,
u zynen zegen geven. (11, 2-8)

Ook hier sluit de laatste strofe perfect aan bij de eerste. Terwijl de vrouw bij de aanvang berouwvol het 'hooveirdig vrouw geslagt' (1, 1) toespreekt, richt Sadones zich op het einde tot dezelfde doelgroep, namelijk 'Vaderlandsche maegden', die hij verzoekt 'trotsheyd en hooveirdigheyd' in hun jeugd te versmaden (11, 3-4). De herhaling van de woorden 'hovaardig' en 'trots' wijst erop dat het hier gaat om sleutelbegrippen, die – gezien de context – verstrekkende gevolgen hebben.

Een overspelige vrouw en een wrede man

Naast roofmoorden treffen we bij Sadones nog andere motieven tot vrijwillige doodslag aan. Overspel is er één van, zoals het lied dat handelt over een getrouwd paar in het 'Luykerland' (2, 5).[9] Terwijl de heer op jacht is, pleegt zijn 'schoone Vrouwe' (2, 7) overspel met een jonge dienstknecht. Onverwacht teruggekeerd, betrapt de heer zijn vrouw op heterdaad. Hij vermoordt de knecht eigenhandig zonder pardon, en laat voor zijn vrouw een kerker bouwen, die 'soo leeg ende soo kort' (5, 5) was dat 'zy kost niet recht liggen of staen' (5, 6). Zijn wrok is daarmee echter nog niet gekoeld:

Hy heeft 't lichaam van dees jongman,
merkt eens wat vreed gepeysen,
doen zouten soo men heeft verstaen,
om zyn Vrouw mé te spyzen,
hy sprak tot haer met grammen haet,
dit romp al tot den lesten graet,
zult gy voor spys opeten,
voor al uw geyl vermeten. (6)

Elke avond mag zij de kerker verlaten om geketend aan de hoek van de tafel zonder één woord te spreken ''t vleesch der jongman' (7, 6) te verorberen.

Op een keer logeren twee paters capucijnen, die onderweg zijn naar Vlaanderen, op het kasteel. Wanneer zij 's avonds dat 'droef spektakel zaegen' (8, 8), vragen ze de heer om uitleg. Hij antwoordt: 'Z'heeft d'echte trouw gebroken,/ en zoo word dat gevroken' (9, 7-8). De paters hebben medelijden. Ze stellen voor dat de vrouw de kans zou krijgen haar biecht te spreken en zich met haar man te verzoenen. Daar is geen sprake van en

[...] hij antwoorde g'heel gram,
voor haer is geen genade,
al waert dat g'heel de weirelt kwam,
en bad, het waer te spade,
soo lang als er een graet zal zyn
van desen schelm tot haer pyn,
zal zy voor haere sonden
blyven in 't kot gebonden. (11)

Als de geestelijken merken dat blijven aandringen op clementie geen baat brengt, verlaten ze vroegtijdig het kasteel. De volgende avond vindt de heer zijn vrouw levenloos in de kerker. Hij beseft

[9] Idem, 124-126.

meteen dat hij 'hadde zyn vrouw gebracht ter dood' en dat 'sulk een straf was vreed en groot' (13, 5-6). Wanhopig rent hij naar boven en pleegt zelfmoord:

> hy heeft wat grauwsaemheden
> gelaeden een fusik wat smert,
> ende heeft die gesteld op 't hert,
> benam sig selfs zyn leven,
> door wanhope aengedreven. (14, 4-8)

De moraal ligt voor de hand:

> Komt Spiegelt U gy Vrouw en man,
> gy zult in dees Historie,
> wat Overspel uytbroeden kan,
> print dit in uw memorie,
> men siet ook wie is vreed van aert,
> dat hy op 't eynde kwaelig vaert,
> 't ootmoedig suyver leven
> word van GODT hoog verheven. (15)

Door de keuze van bepaalde woorden slaagt Sadones erin de laatste strofe te linken aan concrete feiten uit de bezongen 'historie'. Het is een ad hoc-techniek, die herkenbaar is en de luisteraar doet nadenken. Traditioneel in dit soort liederen, althans bij Sadones, is dat de vermanende toon reeds aanwezig is in de eerste strofe. Dit lied maakt hierop geen uitzondering. Wel valt op dat het hier op een vrij formele manier gebeurt en dat uitdrukkelijk gerefereerd wordt aan de wet van Mozes:

> Het overspel ende onkuysheyd
> heeft van in d'eerste tyden,
> zoo menig man en vrouw verleyd,
> en gebracht in lyden;
> d' Overspeelders in Moyses Weth,
> door het gebod van GODT oplet,
> moesten gesteenigt wezen,
> zoo klaerlyk staet te lesen. (1)

Aldus bewijst Sadones deze wet en zijn strenge toepassing te kennen.[10] Geen wonder dat de kasteelheer in kwestie het recht in eigen hand meent te mogen nemen en onverbiddelijk tekeergaat, zelfs

[10] Het betreft het vijfde boek van Mozes, met name *Deuteronomium* 22, 22.

tot in het hallucinante. De kruik gaat echter zolang te water, tot ze barst...

Van kwatongen en losbandigheid

Maar ook laster kan desastreuze gevolgen hebben. Dat bezingt Sadones in een ander lied, namelijk 'hoe dat een kwaede tong een mensch in druk kan briengen'.[11] De echtgenote van een schoenmaker gelooft zomaar de praatjes van een vrouw, die beweert 'dat haere Man Bouleerde/ met een dogter in stad' (3, 7-8). Op een dag is de man uithuizig en komt 'dees dogter' (4, 3) de vrouw vragen of haar man 'een paar schoen naer haer zin' (4, 6) zou kunnen maken. Het antwoord is positief en de schoenmakersvrouw verzoekt het meisje binnen te komen. Ze vermoordt de klant en snijdt haar borsten af. Het lijk gooit ze in de kelder. Vervolgens heeft ze 'dees borsten fyn gaen snyden/ [...] maekte ter selver tyden/ daer eene spyse af' (6, 5-8).

Als haar man thuiskomt, serveert ze hem 'die vreede spys bereyd,/ dien man zonder te letten/ at dat met apetyt' (7, 6-8). Na de maaltijd vraagt ze of hij weet wat hij gegeten heeft. Het antwoord is uiteraard negatief. Daarop laat ze de kelder zien en vermoordt ze haar echtgenoot. Stervende vraagt hij wat hij haar heeft misdaan. Verbijsterd door zijn klacht neemt zij 'een grooten ruymer wyn,/ vol van vergief' (11, 6-7) en drinkt die ineens leeg. Door het lawaai komen de buren kijken en vernemen uit de mond van de vrouw dat zij het slachtoffer is van 'een kwaed tong' (13, 4). Ze geeft ook nog de raad dat noch vrouw noch man gehoor mogen geven 'aen tongen die bederven/ zoo menig Houwelyk' (14, 5-6). In de laatste strofe herhaalt Sadones die waarschuwing:

> Voor 't slot thans algelyk
> print dit in uw memorie,
> ik seg ook aerm en ryk
> hem leeren aen d'Historie,
> dat men altyd moet schouwen
> kwaed tongen als 't fenyn,
> want zy van Mans en Vrouwe
> vrede verdrukkers zyn. (15)

[11] Vos 1977, deel 2, 153-156.

Deze woorden vormen een echo van de eerste strofe, die begint met de verzen: 'Het aldervreedste swerd/ Dat is een kwaede tonge' (1, 1-2). Wie ervan wordt 'besprongen' en er gehoor aan geeft, loopt 'seer veel gevaer,/ van 't ontmoeten in 't leven/ zeer veele raempen swaer' (1, 6-8), wat de inhoud van het lied ten overvloede illustreert.

Maar Sadones heeft nog meer gruwel in petto, zoals in 'Klagtlied van eene dogter in haere gevangenisse, gemaekt tot exempel van alle dogteren: maer haer naem verzwyg ik voor haere familie'.[12]

Geboren niet ver van 'Enghien' (2, 2) heeft de vrouwelijke hoofdfiguur de nabijheid van Ninove als werkterrein gekozen: 'als dienst-meyd [...] [heb ik] door myn onzuyverheyd/ getrouwde mans [...] verleyd/ tot smert van d'eerbaer vrouwen' (2, 8-10). En om eventjes de verbeelding te prikkelen bekent ze:

> [...] ik gaf zonder vaer of vrees
> voor Godt of voor de menschen
> den vollen toom schier aen het vleesch,
> nae den duyvel zyn wenschen,
> 'k leefde schandaelig openbaer,
> zoo dat zommige liên te gaer
> my van hun prochie dreven,
> handelden my met straffigheyd
> op dat 'k aen zoo vele jongheyd
> verergernis kwam geven. (3)

Uiteraard geraakt ze zwanger, maar haar 'jonge teere vrugt/ [heeft ze] zonder 't Doopsel verslonden' (4, 3-4). Ze slaagt erin een jonge man te dwingen tot een huwelijk. Hij verstoot haar echter. Daarop zweert ze 'by duyvel, helle en dood/ [zich] over hem te vreken' (5, 3-4). Dat deed ze 'assurant' en stak 'by nagte 't huys in brand' (5, 5-6). Als verdachte wordt ze naar de gevangenis van Oudenaarde overgebracht, maar geslepen als ze is, kan ze alle beschuldigingen weerleggen:

> zoo dat ik nog geraekte vry,
> en onder satans heerschappy
> kwam ik al weêr te zweven
> in stad en dorp, ten allen kant,

[12] Idem, 253-255.

'k was het schandael van gansch het land
door myn onzuyver leven. (6, 5-10)

Ze kan dus opnieuw beginnen. Haar losbandig leven leidt evenwel tot een tweede fatale zwangerschap, want:

ik hebbe voor de tweede mael
myn vrugt berooft van 't leven
zonder Doopsel, ô vreed gedagt!
in eenen steen-putte versmagt
niet wyd van de stad Halle (7, 3-7)

Drie dagen later speelt een klein kind bij de bewuste steenput. Het ontdekt de verdronken boreling en waarschuwt zijn moeder. De dubbele kindermoordenares wordt gearresteerd en naar Brussel gebracht. In de cel kent ze geen minuut rust: 'my dogt dat 'k dag en nagt den geest/ zag van myn droeve schaepen,/ die my toeriepen met getraen:/ ô moeder wat hebt gy gedaen!/ [...] My dogt zij riepen: Godts aenschyn/ moeten wy eeuwig derven' (9, 7-9; 10, 1-2). Overmand door pijn en leed legt ze volledige bekentenissen af en wordt tot de guillotine veroordeeld. Haar laatste woorden luiden:

Ziet my verschynen op 't schavot,
ô jonge teere maegden!
bid voor myn arm ziele aen Godt,
wilt dertelheyd versmaegden,
volgt my in de bosheyd niet naer,
ik vraeg Godt en menschen te gaer,
pardon, ik moet gaen sterven,
op dat myn arm ziele mag
naer dezen laesten levens dag
nog 't Hemelryk mag erven. (11)

Het is duidelijk dat Sadones hier in de huid gekropen is van deze tot inkeer gekomen recidiviste om door middel van dit lied nogmaals aan de alarmbel te trekken. Zelf blijkt hij onder de indruk te zijn gekomen van dit meervoudig drama. Vandaar dat hij onderaan dit liedblad schrijft:

Al wie dit liedjen zingt of leezen,
wilt haere ziel gedagtig weezen.
Door my, Sadones, Dichter en Zanger tot Geeraerdsbergen 1806.

Samenvattend leidt de analyse van enkele van Joseph Sadones' moordliederen tot de volgende vaststellingen: door hun vrij complexe inhoud vallen deze narratieve liederen alle vrij lang uit. De lengte per lied varieert van tien tot vijftien strofen van elk acht à tien versregels. In het licht van het volledige repertoire van Sadones is de lengte van deze liedteksten evenwel niet uitzonderlijk. Alle moordliederen van Sadones vertonen een gelijkaardige structuur: zowel de begin- als de eindstrofe hebben steeds een beschouwende en/of belerende inhoud, die door de tussenliggende strofen ingevuld en geconcretiseerd wordt. In al deze liederen zijn de hoofdrolspelers berouwvolle moordenaars, die ofwel zelfmoord plegen of in de cel tot inkeer komen en berustend op de doodstraf wachten. Ondertussen worden ze gekweld door de schimmen van hun onschuldige slachtoffers. Voor het uiten van hun klachten gebruikt Sadones steevast de eerste persoon, wat enerzijds de betrokkenheid van de zanger bij zijn onderwerp beklemtoont en anderzijds de betrokkenheid van zijn toehoorders bij de liedstof bevordert. Een ander middel om de aandacht te trekken is het vermelden van vele gruwelijke details en het systematisch opvoeren van dramatische confrontaties tussen moordenaar en slachtoffer. De zanger hoopt daarmee zijn liederen een grotere impact te geven, wat de verkoopcijfers ten goede moet komen. Ook naar de drijfveren van deze wandaden gaat zijn aandacht. Hebzucht, hovaardigheid, ontucht, achterklap en overspel vormen de hoofdmotieven van zwaar crimineel gedrag, zoals kannibalisme, waarbij de daders zowel ouders als echtgenoten en eigen pasgeboren kinderen gewetenloos naar het leven staan. Voor marktzanger Sadones bieden dergelijke realia uitgelezen stof om alle poëtische en retorische registers open te trekken. Hoewel het er in zijn andere liederen naar uitziet dat Sadones geen banale marktzanger is, maar iemand met cultuur, eruditie en literaire kwaliteiten, blijkt uit zijn moordliederen dat hij kommer en kwel als het ware toch cultiveert om voor een moreel doel bijzondere effecten te bereiken en zo een edele boodschap te brengen. De literair begaafde Sadones is en blijft evenwel een ambulante zanger, die publiek goed wil scoren en daarom oog heeft voor evenwicht. Zo valt het op dat Sadones de moordenaars en de slachtoffers opdeelt in twee kampen: de eerste categorie is duidelijk in de ban van Satan *cum suis*, terwijl de slachtoffers hun hoop richten op God en zijn heiligen. Goed en kwaad worden aldus gepersonaliseerd en een toekomstperspectief wordt opengehouden. Concreet betekent dit dat Sadones ervan overtuigd is dat berouwvol geloven mogelijkheden creëert en perspectief biedt. Zijn moordliederen fungeren dan ook als een spiegel van moraal, deemoed, inkeer en reflectie.

Henri Sadones

In het spoor van zijn vader heeft Henri Sadones (1794-?) onder meer een lied gewijd aan de gruwzame mishandeling met dodelijke afloop van een vrouw die voor 'tooveres' werd aanzien. De feiten speelden zich af op 14 november 1815 in de Kampstraat te Onkerzele nabij Geraardsbergen.[13]

Berlinda, de oudste dochter van Pieter Bruyland en Jeanne Spitaels, lijdt aan een slepende ziekte. De schuld daarvan legt de vader 'door 't bygeloof geheel verblind' (2, 6) bij zijn 'gebuer vrouw', die zijn kind betoverd zou hebben. Op een dag zoekt Bruyland zijn buurvrouw Katerina De Turck, echtgenote van Jean D'Haene en moeder van twee dochters, thuis op en vraagt haar even mee te komen. '[...] de vrouw gelyk een lam/ dat nae de slagtbank kwam,/ dagt op geen bezwaeren/ zy ging in huys eenvoudig [...]' (3, 3-6). Als ze binnen is, 'sloeg men de deur toe,/ men greep haer vast, [...]/ en riepen hier moet gy ontdoen uw toovery' (3, 7-9). De onthutste vrouw antwoordt verontwaardigd:

> ik ben geen tooveres,
> het geen gy my oplegt
> is een groot onregt,
> 'k ben daer in onschuldig
> leyd uwe dochter pyn, smert of verdire,
> ik ken of ik en weet haer ziekte niet,
> dit is zoo vast en waer
> sprak de vrouw vol misbaer
> als wy hier zyn te gaer. (4, 2-9)

Deze negatieve reactie maakt de ouders verbolgen. Ze steken een groot vuur aan, snoeren de vrouw de mond dicht en verbranden

13 De Vuyst 1976, 75-76; Van Impe 2002, deel 1, bijlage II, 1-9.

eerst haar voeten, vervolgens 'and're deelen van haer lyf,/ [...] tot onder haer borsten' (6, 2-5), tenslotte slaan ze haar 'naekt en bloot,/ van voeten tot aen 't hert' (6, 7-8) met een gloeiend zwaard. 'Die vrouw als een martelares,/ aenzien voor eene tooveres' (7, 1-2) heeft men twee uur lang gepijnigd. Een vreselijke aanblik, want 'door 't verdubbelde vuer zag men haer vleesch/ vallen haer lichaam af' (7, 7-8). De ongeneesbaar verwonde vrouw hebben ze dan 'buyten geworpen', en zij is 'langs de aerd"(7, 6) naar huis gekropen. Haar man en kinderen kan ze nog wat uitleg geven, maar ze sterft daar in de hevigste pijnen.

De historische realiteit is dat de vermeende toveres op 22 november 1815 overlijdt, dus acht dagen later. De zieke Berlinda, die volgens het gerecht actief meegewerkt heeft aan de folterpraktijken, sterft op 5 maart 1816 in de gevangenis. Op 13 mei 1816 veroordeelt het Gerechtshof van Assisen der Provincie Oost-Vlaanderen de 53-jarige Pieter Bruyland ter dood en zijn vrouw tot levenslange dwangarbeid, één uur 'toonstelling', het brandmerk en de proceskosten.

Voor de jongste zoon Sadones maakt dit drama reeds in de eerste strofe iets duidelijk: 'het bygeloof/ maekt eenen mensch voor de goed' reden doof' (1, 6-7). Helaas is dit niet nieuw, want 'de bygeloovigheyd/ heeft van in d'ouden tyd/ menigen mensch verleyd' (1, 8-10). Deze idee van verblinding herhaalt hij in de laatste strofe en voegt eraan toe:

> laet ons, ons verstand,
> altyd wel gebruyken,
> band dwaelende gedagten uyt uw hert,
> en zyt verduldig in pyn en in smert,
> 't is God alleen bekend
> waerom hy de ellend,
> de menschen overzend. (11, 4-10)

Evenals zijn vader maant de jonge Sadones zijn toehoorders aan geduldig om te gaan met 'pyn' en 'smert' en tevens erin te berusten dat Gods werken niet te doorgronden zijn. Dit zijn geen woorden van een gedreven ouderwetse predikant, maar van een 20-jarige marktzanger uit het eerste kwart van de negentiende eeuw. Qua mentaliteit zit zoon Sadones nog zeer duidelijk in het spoor van zijn belerende vader. Het ergste is dat de gesel van dit blinde bijgeloof nog vele jaren is blijven woekeren, en zelfs vandaag de dag nog steeds niet helemaal is uitgeroeid...

De moord van Nijlen (1842)

Van een heel andere orde is het boeiende verhaal rond de fameuze moord van Nijlen. Wat is er precies gebeurd? Het relaas van de feiten. [14]

Na sedert 15 december 1841 al drie pastorieën in de buurt van Nijlen te hebben bezocht (namelijk Vlimmeren, Eindhout en Pulderbos), maar telkens zonder succes, meldt een mannelijke persoon zich op zondagmorgen 2 januari 1842 aan bij de pastoor van Nijlen. Hij geeft zich uit voor een zekere Van Dun en beweert van de buurgemeente Bouwel te komen. Daar is de pastoor door een bloedbraking getroffen. Hij wil dringend de pastoor spreken. Maar pastoor Petrus De Groof staat op het punt de hoogmis te celebreren en wil zijn parochianen niet laten wachten. Hij vraagt de man na de mis terug te keren. Zoals afgesproken wacht Van Dun de pastoor aan de ijzeren poort van de pastorie op. In de pastorie eist de vreemdeling onmiddellijk geld van de pastoor. Omdat hij weigert, grijpt de dader onder zijn kleren naar wapens, namelijk een klein pistool, een mes en een bijl, waarmee hij de pastoor zwaar toetakelt. Op het tumult komt de 59-jarige dienstmeid Maria Anna Verhesen aangelopen om de pastoor bij te staan. Maar ze wordt zelf het slachtoffer van een messteek in de buik. Ze kan nog wegvluchten en hulp roepen. Daarop heeft de dader langs de achterdeur de benen genomen. Buren hebben de achtervolging ingezet. Op het punt gearresteerd te worden, vuurt de dader nog in de richting van een zekere Jan De Meyer, die aangelopen komt met een niet geladen geweer. De Meyer wordt niet geraakt en treft de dader met de kolf van zijn wapen. De dader valt op de grond en wordt overmeesterd. Gekneveld leveren de helden van de dag de boosdoener uit aan de veldwachter, die hem tegen de woede van de dorpelingen moet beschermen.

's Anderendaags wordt de dader ondervraagd en met zijn twee slachtoffers geconfronteerd. Hij legt een hele reeks valse verklaringen

[14] Velle 1999, 425-444; Top 2001, 234-241.

af. Hij beweert onder meer dat hij Waal is en alleen Frans spreekt, dat hij nog geen enkele veroordeling heeft opgelopen en dat hij als vrijwilliger gevochten heeft tijdens de Belgische Omwenteling van 1830. Achteraf is gebleken dat de 36-jarige Hendrik De Backer, want dat was zijn echte naam, een ontslagen galeiboef was, die al tweemaal veroordeeld werd wegens diefstallen. Hij was Vlaming van geboorte (°Oostmalle, 17 april 1806), van beroep mijnwerker en herbergier, en woonde sinds 1840 in Flémalle-Grande nabij Luik. Hij was gehuwd en vader van twee kinderen.

Pastoor De Groof (°Kontich 1772) is een week later in de nacht van 8 op 9 januari 1842 bezweken aan zijn verwondingen, namelijk een verbrijzelde schedel en enkele afgehouwen vingers. Massaal hebben de parochianen van Nijlen een paar dagen later afscheid genomen van hun geliefde pastoor, die bijna 20 jaar hun zielenherder was geweest.

Ondertussen gaat het gerechtelijk onderzoek voort en verschijnt De Backer nog dezelfde maand voor het Hof van Assisen in Antwerpen. Het Hof veroordeelt de beklaagde op 29 januari 1842 tot de doodstraf, want hij is schuldig aan moord met voorbedachten rade op de pastoor. De gezworenen vinden hem ook schuldig aan poging tot moord op de dienstmeid en aan poging tot doodslag op de Nijlense burger Joannes De Meyer. Op 1 februari tekent De Backer voorziening aan tegen dit vonnis in cassatie. Op 21 maart wordt dit cassatieverzoek verworpen. Het doodvonnis kan dus uitgevoerd worden en dit gebeurt dan ook op 11 mei om 8 uur 's morgens in Lier, hoofdplaats van het vredegerechtskanton waartoe Nijlen behoort. Het is marktdag, zodat heel veel volk deze historische – want allerlaatste – executie op de Grote Markt bijwoont.

De marktliederen over de moord van Nijlen

Voorlopig beschikken we over vier verschillende volledige liedteksten die handelen over de moord van Nijlen. Drie ervan (A, B en C) dateren uit de periode van de feiten, het vierde lied (D) is van recentere datum en wijkt inhoudelijk compleet af. A en B zijn haast even lang, vertonen een gemeenschappelijke structuur en zijn ook qua inhoud vergelijkbaar. Dat geldt niet voor C en D, die we derhalve afzonderlijk behandelen. De inhoud van A (bijlage 1)[15] en B (bijlage 2)[16] ziet er als volgt uit: in de inleidende strofe richt de zanger zich tot alle moordenaars en barbaren. Ze moeten luisteren naar zijn lied (A 1), dat illustreert hoe het kwaad een mens verleidt tot vreselijke daden (B 1). Het corpus van beide teksten geeft een vrij getrouwe beschrijving van de gebeurtenissen met bijzondere aandacht voor de tegenstelling aimabele pastoor – brutale crimineel. Laatstgenoemde wordt steevast negatief geconnoteerd als 'booswigt' (A 2), 'barbaer' (A 3, B 3, B 4, B 6), 'moorder'/'moordenaer' (A 4, A 6, A 9, B 4), 'tyraen' (B 2, B 5, B 6, B 7), 'dief' (B 6), en 'vreedhaert' (A).

De gruwelijke details van de slagen en verwondingen komen in beide versies *grosso modo* overeen. Of de meid 'den heer Jezus' aangeroepen heeft, toen ze door de dader werd bewerkt, is een detail uit de A-versie (strofe 6) dat elders niet bevestigd wordt. Dit gegeven verhoogt wel het pathos van de dramatische feiten: een weerloze 59-jarige pastoorsmeid staat pal tegenover een 36-jarige agressieve vlegel, die na de mislukte afdreigingen duidelijk wil doden.

Het relevantste verschil tussen de twee liederen is dat de onbekende dichter van de B-versie de feiten en de dader expliciet in verband brengt met het boze en de duivel (vergelijk met Joseph Sadones). Reeds in de eerste strofe heeft hij het over het 'kwaed', dat de mens verleidt en hem 'de allervreedste moord' doet bedrijven waardoor hij 'van den weg der deugden' wordt gescheiden. Deze christelijke idee herhaalt hij meermaals en concretiseert hij door de duivel en de hel er om de haverklap bij te halen.

Beide versies hebben ook nog een uitgesproken moralisering in de slotstrofen gemeen. De anonieme zangers dringen erop aan dat de moordenaars zich spiegelen aan hun lied en zich bekeren (A 10), dat de ouders hun kinderen leren het kwaad te ontvluchten en te bidden voor de ziel van de pastoor (B 8 en 9) en dat de 'heer der heeren' de moordenaar mag sparen van 'den poel der helsche gronden' (B 9).

[15] De liedtekst en het 'Dood-vonnis of sententie' zijn gepubliceerd door Stockmans 1910, 239-242.

[16] Dit lied is opgenomen in De Schuyter 1945, 50-51.

De C-versie (bijlage 3)[17] telt maar zes strofen en springt iets nonchalanter om met de historische realia. Dat blijkt onder meer uit het feit dat de pastoor veertien dagen in plaats van een week na de feiten overlijdt en op zijn sterfbed genade gevraagd zou hebben voor zijn belager. Dit detail illustreert het edele karakter van de vergevingsgezinde priester, die zijn brutale aanvaller aangesproken heeft met de woorden 'ô vriend spaert my het leven' (3, 3). In deze moeilijke momenten heeft hij ook nog 'Heer Jezus Maria' geroepen en zich rechtstreeks tot God gericht met de klagende woorden: 'ô grooten God bewaerd my toch het leven/ moet ik dan zoo ellendig sterven gaen' (3, 7-8). Deze citaten versterken enerzijds het dramatische gehalte van de gebeurtenissen, anderzijds kleuren ze het lied in christelijke zin, wat nog geaccentueerd wordt doordat de moordenaar in het 'groot prizon' van Mechelen tot de 'Hemel' bidt en God om genade vraagt (5). Op het einde van hun leven bevinden de twee hoofdpersonages zich dus min of meer op dezelfde golflengte: de moordenaar is deemoedig en toont berouw (5); de pastoor vraagt genade voor zijn moordenaar en draagt zijn ziel aan God op (6).

Wat hier opvalt, is de frappante tegenstelling tussen dader en slachtoffer, en verder de dominante religieuze teneur van het lied. Zo wordt hier ontegensprekelijk dezelfde tijdsgeest van de vorige moordliederen met hun beschouwende missie verwoord.

John Lundström (1919-1990)

De auteur van het vierde lied, versie D (bijlage 4), is de bekende liedjeszanger John Lundström, kleinzoon van een Zweedse zeeman, die rond 1900 in Antwerpen is blijven hangen. John is in het Antwerpse Schipperskwartier geboren tussen Zweden, Denen en Noren, die het café van zijn moeder bezochten. Hij was de jongste van zeventien kinderen en leerde tekenen. Hij heeft dan ook heel wat liedjesteksten geïllustreerd, onder meer zijn 'Moord van Nijlen', die hij in Antwerpen op de Nieuwjaarsmarkt van de Grand Bazar in januari 1972 voor de eerste keer heeft gepresenteerd.

[17] Er zijn indicaties dat de zanger van dit lied een zekere Minnebo is. Voor informatie over deze man, zie Top 1985, 183.

Afb. 5: Prent met de uitbeelding van de moord van Nijlen, getekend en gekleurd door John Lundström (1919-1990).

John Lundström zong in het Antwerpse dialect. Zijn liedversie munt uit door een directe stijl zonder veel franjes, wat meteen al blijkt uit de eerste strofe.[18] Die begint *in medias res* met de mededeling dat er een 'wredige' moord is begaan op de pastoor van Nijlen en zijn meid. Met messen en bijlen werden ze om het leven gebracht en 'de kas' werd 'geleegd'. Daarmee is de korte inhoud van het lied gekend. Het refrein, dat na elke strofe wordt herhaald, beaamt de afschuw voor de feiten:

Ja, ja 't is waar
't is een echte schand
da zoiets gebeurt
al in ons Vaderland.

De dubbele moord van Nijlen à la Lundström kunnen we als volgt samenvatten. De pastoor werd gekneveld en de meid werd door 'alle vier de moordenaars' 'ontmaagd'. Is dat niet 'godgeklaagd' (strofe 2)? Omdat de pastoor niet wou spreken, hebben ze hem met messen bewerkt. Aan deze verwondingen heeft hij 'zijn kees gelaten' (strofe 3). Uit de opengebroken kasten hebben ze het geld geroofd. Na het huis in brand gestoken te hebben, zijn ze er 'stillekes' van door gegaan (strofe 4). In het Antwerps Schipperskwartier bezochten de moordenaars-rovers de 'maskes van plezier'. Daar hebben ze op één nacht al hun geld verteerd (strofe 5). De 'gendarmes' hebben ze zat en 'in staat van grote zonde' gevonden. Aan de galg beleefden ze het eind van hun wreed bestaan (strofe 6). Strofe 7 is min of meer een herhaling van de beginstrofe.

Er bestaat geen enkele twijfel over dat John Lundström een loopje neemt met de feiten. Ook de religieuze ondertoon van de drie historische liederen is hier totaal zoek. Integendeel, zanger Lundström maakt een karikatuur van het hele gebeuren, dat gedomineerd wordt door de ontmaagding van de meid, de messteken van de pastoor waardoor het bloed spatte 'uit wonden en gaten', en het verblijf bij de 'de maskes van plezier' in de buurt waar de zanger is opgegroeid. Aldus verbindt hij op een handige manier de moord van Nijlen met zijn eigen biografie. Het is de verdienste van

[18] Lundström 1979, 73-74. Afgezien van enkele afwijkingen inzake spelling is dezelfde tekst gepubliceerd door Bertha Longin 1999-2000, 20-21.

Lundström dat hij de oude liedstof op zijn typische manier heeft geactualiseerd. Tevens is dit een bewijs dat meer dan honderd jaar later de herinnering aan de Nijlense moord nog levendig was, althans in het Antwerpse. Een verklaring hiervoor vinden we in de populaire literatuur uit het einde van de negentiende eeuw, waarover we het nu zullen hebben.

Parodiërende teksten

Algemeen wordt aangenomen dat moordliederen een zeer succesrijk liedgenre waren, maar dat de duur van hun populariteit (houdbaarheid) eerder beperkt was. Het aantal gevonden liedteksten, door verschillende zangers verspreid, bewijst dat de moord van Nijlen inderdaad een succes moet zijn geweest. De weerklank van de gruwelijke feiten, waarvan een eerbiedwaardige, oude priester en zijn meid het slachtoffer waren, heeft er bovendien voor gezorgd dat de moord van Nijlen een begrip werd, waarover jaren later nog verteld werd. In dit proces van popularisering heeft zich een merkwaardige evolutie voorgedaan met betrekking tot de teneur, de slachtoffers en de dader.

In de periode 1893-1898 was een zekere Arnold Van Hilst als apotheker werkzaam in het ziekenhuis van Turnhout. Hij was daar lid van de Katholieke Kring, die allerlei gezellige avonden organiseerde waarop liederen gezongen werden. Veel van die liederen heeft hij genoteerd en geïntegreerd in een kluchtig zangspel met als onderwerp de moord van Nijlen. Deze parodie bestaat uit drie delen. In de proloog komen de feiten aan bod. Het tweede bedrijf is gewijd aan het proces waarin daders en getuigen worden ondervraagd en veroordeeld. De strafuitvoering vormt de inhoud van het derde bedrijf. Het zangstuk *De moord van Nijlen* is, aldus Jan De Schuyter, nooit in druk verschenen, maar er zijn wel veel afschriften van in omloop gebracht.[19] In ieder geval staat vast dat heel veel verenigingen in de Kempen – Nijlen behoort daartoe – en daarbuiten dit kluchtspel hebben opgevoerd.

Met zijn parodie heeft Van Hilst een merkwaardige rolomkering gerealiseerd. In plaats van de pastoor wordt de meid het slachtoffer

[19] De Schuyter 1945, 62.

van een roofoverval, die gepleegd wordt door twee misdadigers. Van de pastoor is geen sprake, want die is vertrokken naar de kerk. Tijdens zijn afwezigheid doen de feiten zich voor. Twee zwartgemaakte mannen dringen de pastorie binnen, waar de meid en de volkszanger Pietje Snot aan het babbelen zijn. Pietje Snot kan zich verbergen, maar de meid Stefanie valt in de handen van Spaar en Baekelandt. Laatstgenoemde klieft haar het hoofd met een bijl, de andere booswicht neemt de geit van de pastoor mee. Beiden kunnen ontsnappen. Marskramer Bert van der Zanden heeft hulpgeroep gehoord en roept 'moord!' Door het toegesnelde volk wordt hij verdacht de moordenaar te zijn, maar Pietje Snot getuigt dat dit niet het geval is. Het eerste bedrijf eindigt met de alom bekende woorden:

> Er is gebeurd bij de pastoor van Nijlen
> Een wrede moord, op zijne meid begaan
> Ze hebben haar met messen en met bijlen
> Ter dood gebracht! Hoe wreed! Hoe kan 't bestaan![20]

Het tweede bedrijf speelt zich af in de gerechtszaal. Het is een karikatuur van een rechtszitting, waarin de rechter volgend vonnis velt. Bert van der Zanden wordt vrijgesproken; Spaar die de geit gestolen heeft, krijgt drie jaar gevangenisstraf; Nelis Baekelandt wordt veroordeeld tot de galg. De berechting van Baekelandt vormt de inhoud van het derde bedrijf. Alvorens het zover komt, weet hij nog te ontsnappen, maar – rekening houdend met de logica van de populaire fictie – hij wordt onmiddellijk ingerekend.

De historische gegevens rond de *dramatis personae* worden hier duchtig gewijzigd. De meid is het dodelijke slachtoffer in plaats van de pastoor. De reden van deze verwisseling moet vermoedelijk gezocht worden in de keuze van het genre, namelijk een muzikale parodie. Zou het niet getuigen van weinig tact, indien de eerbiedwaardige pastoor een hoofdrol zou spelen in een kolderachtig spektakel, dat bovendien in verband gebracht wordt met twee daders? De ene heeft de fictieve naam Spaar, de andere draagt de naam van

[20] Simons 1925, 117. Jozef Simons heeft het 'komisch zangspel *De Moord van Nijlen*' integraal opgenomen met commentaar: 52-54, 111-134. In 1994 heeft het Jozef Simonsgenootschap een uitgave bezorgd van Jozef Simons, *De moord van Nijlen*.

Baekelandt, een historische bendeleider, die op 2 november 1803 samen met 23 bendeleden te Brugge werd gehalsrecht.[21] Dat Bakelandt hier ten tonele wordt gevoerd, wijst indirect op zijn populariteit zowat een eeuw na de feiten.

De inhoud van dit nogal onsamenhangende en groteske spel, doorspekt met een hele reeks populaire deuntjes en toespelingen op politieke en maatschappelijke wantoestanden, geeft aan de historische moord van Nijlen een heel andere dimensie. De bloederige dramatiek ruimt plaats voor een klucht in de vorm van een zangspel, waarvan creatieve verbeelding en leuke vondsten de belangrijkste ingrediënten zijn. Het is dan ook niet verwonderlijk dat deze ludieke voorstelling in de context van het verenigingsleven is ontstaan en daar herhaaldelijk met succes werd opgevoerd. Naargelang van de inspiratie hebben de spelers en/of de regisseurs de tekst ingekort of uitgebreid met allerlei elementen zonder evenwel de parodiërende inhoud fundamenteel te wijzigen. Daarvan hebben we meerdere bewijzen gevonden, die dateren uit de twintigste eeuw: Opwijk 1912 en 1972[22]; Simons 1925; Aalst 1958;[23] Kontich jaren 1960(?);[24] Nijlen 1968; [25] Sint-Niklaas 1950-1975.[26]

[21] Top 1983. De spelling van de naam varieert nogal, terwijl de legendarische bendeleider zijn naam steeds als volgt heeft geschreven: Bakelandt.

[22] De onuitgegeven versie 1972 van *De moord van Nijlen* is een bewerking door J. De Ridder.

[23] De onuitgegeven tekst *De misdader (sic) gepunieert ofte de moerd van neylen* vermeldt op p. 14 'O.C.G.B.-Aalst' en '4-5 Februari 1958'. Een korte inleidende tekst op p. 1 luidt: 'Bloedig drama in drie bedrijven en vele tonelen, naar het naïef verhaal van een kermiszanger, tot een kort zangspel bewerkt door leuvense studenten en tot drie bedrijven hersponnen door 'Herman'.'

[24] Het programma vermeldt *De moord van Nijlen: operette in 3 bedrijven*, vrij bewerkt door Gutekon en gebracht door het Sint-Martinuskoor (opgericht in 1940) van Kontich in de regie van R. Pas. Vermoedelijke opvoering in de jaren 1960.

[25] *De moord van Nijlen. Hartroerend drama in een voorspel en twee bedrijven. Parodie op de moord op pastoor De Groof in 1842*, met een 'Voorwoord' door Jos Nelis, gedateerd 19 november 1968.

[26] Luk Van Gassen vermeldt een bewerking van 'De moord van Nijlen' door kapelaan De Bruyne. Deze verkorte versie heeft hij gevonden in de wijk Tereeken van Sint-Niklaas. De plaatselijke K.A.J. heeft het stuk voor het eerst in 1950 opgevoerd in het Gildenhuis van Sint-Niklaas ter gelegenheid van de grote Vlaamse kermis. Naar aanleiding van het 50-jarig bestaan van de K.A.J. werd het stuk voor de laatste keer in 1975 opgevoerd. Van Gassen 1978, deel II b, 224-227.

Dat de parodiërende versie van *De moord van Nijlen* het werk is van Leuvense studenten, is niet uitgesloten en wordt door een paar bronnen steevast vermeld, onder meer door Jan De Schuyter en Jos Nelis.[27] Verder staat zo goed als vast dat deze muzikale parodie ontstaan is in de Kempen, waar de historische feiten zich afgespeeld hebben. Volledigheidshalve weze nog vermeld dat de moord van Nijlen behoorlijk wat weerklank gevonden heeft in het literaire werk van enkele Vlaamse auteurs zoals Lode Baekelmans,[28] Ernest Claes[29] en Felix Timmermans[30]. Zij hebben op hun beurt de naam en faam van Nijlen en de aldaar gepleegde feiten cultuurhistorisch mee helpen vastleggen.

Moraal van het verhaal

De moord van Nijlen is in menig opzicht een interessante casus. De dramatische omstandigheden waarin een weerloze pastoor dodelijk werd verwond en zijn meid zwaar werd toegetakeld hebben ongetwijfeld tot de verbeelding gesproken. Op hun manier hebben de marktzangers kleur gegeven aan de feiten en de slachtoffers. De tegenstelling onschuldige priester – wrede moordenaar gaf aanleiding tot allerlei beschouwende en moraliserende interpretaties, die in het midden van de negentiende eeuw met schroom en eerbied werden geaccepteerd. Een halve eeuw later was de moord van Nijlen nog niet vergeten. De gruweldaden kwamen evenwel in een totaal ander kader terecht. Ook de hoofdrolspelers ondergingen een metamorfose. Zowel slachtoffers als daders werden verwisseld met het gevolg dat ook de tragische gebeurtenissen een heel andere impact kregen. In plaats van op de spits gedreven ernst en dramatiek zoals uit de feiten en de historische moordliederen blijkt, komen in de muzikale klucht een resem amusante confrontaties voor die zowel de ernst van de feiten als het proces en de executie op de helling zetten. Van deze parodiërende versies is in de loop van een kleine eeuw zo'n invloed uitgegaan dat de moord

[27] Zie voetnoten 19 en 25.
[28] Baekelmans 1959, 43.
[29] Claes z.j., 33.
[30] Timmermans z.j. a, 27; Timmermans z.j. b, 65.

van Nijlen een hele betekeniswijziging heeft ondergaan. John Lundström heeft op zijn beurt het ludieke van de parodie overgenomen en dit verwerkt in een lied dat compleet afwijkt van de volksliederentraditie. Zijn creatie is dan ook te beschouwen als een originele synthese van twee tegenstrijdige trends, waarbij hij de ernst en het drama uit het moordlied verbindt met de kolder en de luim van de parodie. Het ziet er dus naar uit dat het moordlied in de loop van de negentiende eeuw de invloed ondergaat van een mentaliteitswijziging. Ernst en religieuze ondertoon maken plaats voor zakelijkheid en occasionele kritische opmerkingen. Dat kunnen we onder meer vaststellen in de liederen rond de beruchte moorden van Beernem, waarmee Lionel Bauwens, alias Tamboer (1892-1974), de bekendste Vlaamse marktzanger uit de twintigste eeuw, carrière heeft gemaakt.[31] Maar hoe dat precies uitpakt, is een ander verhaal.

Geraadpleegde literatuur

BAEKELMANS 1959: L. Baekelmans, *Mijnheer Snepvangers.* Hasselt 1959.

CHEESMAN 1994: T. Cheesman, *The Shocking Ballad Picture Show: German Popular Literature and Cultural History.* Oxford/Providence 1994.

CLAES z.j.: E. Claes, *Kobeke.* Brussel z.j. (achttiende druk).

DE RIDDER 1972: J. De Ridder, *De moord van Nijlen: Zangspel in twee bedrijven, met voorspel* (ongepubliceerd typoscript).

DE SCHUYTER 1945: J. De Schuyter, *Drij moorden voor vijf cens.* Antwerpen 1945.

DE VUYST 1976: J. De Vuyst, *Het moordlied in de Zuidelijke Nederlanden tot de XIXe eeuw.* Brussel 1976.

[HERMAN 1958]: [Herman], *De misdader (sic) gepunieert ofte de moerd van neylen* (ongepubliceerd typoscript).

HESSEL 1984: R. Hessel, *Lionel Bauwens de onvergetelijke Tamboer.* Z.pl. 1984.

— 2002: R. Hessel, 'Marktzangers in Vlaanderen'. In: A. Defoort (red.), *Lexicon van de muziek in West-Vlaanderen.* Brugge 2002, 34-40.

LONGIN 1999-2000: B. Longin, 'Schoon liekens duren wel lang!' In: *Tijdingen van het Beatrijsgezelschap,* 35 (1999-2000), nr. 2, 16-21.

31 Hessel 1984.

LUNDSTRÖM 1979: J. Lundström, *Liekesboek: Liekes van bajons*. Z.pl. 1979.

PERSYN 1901: H. Persyn, 'Het Dorper lied'. In: *Dietsche Warande en Belfort*, 2 (1901), nr.1, 52-58.

SIMONS 1925: J. Simons, *Ons Vroom en Vroolijk Kempenland*. Antwerpen 1925.

— 1994: J. Simons, *De moord van Nijlen*. Oelegem-Ranst 1994.

STOCKMANS 1910: J.B. Stockmans, *Geschiedenis der gemeenten Kessel, Bevel, Nylen, Emblehem en Gestel*. Lier 1910.

TIMMERMANS z.j. a: F. Timmermans, *Schoon Lier*. Amsterdam z.j.

— z.j. b: F. Timmermans, *Het kindeken Jezus in Vlaanderen*. Amsterdam z.j. (derde druk).

TOP 1983: S. Top, *De bende van Bakelandt in de geschiedenis, de literatuur, het volkslied en het volksverhaal. Deel 1: Lodewijk Bakelandt en zijn bende: Bijdrage tot de studie van de groepscriminaliteit rond 1800 voornamelijk in het Leiedepartement*. Kortemark-Handzame 1983.

— 1985: S. Top, *Komt vrienden, luistert naar mijn lied: Aspecten van de marktzanger in Vlaanderen (1750-1950)*. Tielt-Weesp 1985.

— 2001: S. Top, 'Murder and Sensation'. In: N. Constantinescu (ed.), *Ballad and Ballad Studies at the Turn of the Century: Proceedings of the 30th International Conference of the Ballad Commission of S.I.E.F. 15-20 August 2000, Bucharest, Romania*. Bucureşti 2001, 234-241.

VAN GASSEN 1978: L. Van Gassen, *Volksliedonderzoek in vier Waaslandse gemeenten: Sint-Niklaas, Steendorp, Temse en Tielrode*. Leuven 1978 (ongepubliceerde licentiaatsverhandeling).

VAN IMPE 2002: F. Van Impe, *Studie van de heksenverhalen in Aalst en Omgeving (19de-20ste eeuw)*. Leuven 2002 (ongepubliceerde licentiaatsverhandeling).

VELLE 1999: K. Velle, 'De moord op de pastoor van Nijlen (2 januari 1842): fictie en werkelijkheid'. In: *Oost-Vlaamse Zanten: tijdschrift voor volkscultuur in Vlaanderen*, 74 (1999), nr. 4, 425-444.

VOS 1977: F. Vos, *Marktzanger Joseph Sadones (1755-1816) een repertoriumstudie (deel I: eigenlijke studie en registers; deel II: liederteksten)*. Leuven 1977 (ongepubliceerde licentiaatsverhandeling).

Bijlage 1

Liedeken op de vreede Moord

Begaen op den zeer Eerweêrden Heer Pastor te Nylen.
op 2 January 1842.

Stemme : Van de vier Gasten die nae Jeruzalem trokken.

Spiegeld u moorders vreed van aerd
komt hier vreede barbaeren
hoort wat dit lied aen u verklaert
wilt uw boosheden schouwen
gelyk weêr onlangs is gebeurt
een menschen hert van vreeze scheurt
ô vreedheyd nooyt gebleken
waer ik u gaen van spreéken

Tot Neylen by den Heer pastoor
kwam den booswigt met treken
hy zey mynheer ik vraeg gehoor
ik moet u noodig spreéken
gy zyt verzogt komt met my aen
om saemen nae Bouwel te gaen
dien heer heéft iets gekreégen
hy vraegt u zynen zegen

Den Pastor zeyd wel goeden man
'k moet d'hoogmis celebreéren
maer als de misse is gedaen
zal ik u contenteéren
deézen barbaer vol moorders lust
heéft in de pastorey gerust
tot de mis was ten eynde
uyt goed gedagt zoo 't scheynde

Als d'hoogmisse nu was gedaen
kwam den pastor getreden
en is zyn kamer ingegaen
den moorder volgt hem mede
hy vraegt den pastor spoedig geld
waer op hy stond geheel versteld
op deês verbaesde reden
kwam de meyt toe getreden

Hy trok zyn Byl of kapmes uyt
zonder een woord te spreken
en neémt het vreed en vast besluyt
om zyn vreedheyd te breke
hy dul van zyn verstand berooft
doórklieft den weêrden gryshaert 'thoofd
daer by nog veéle steken
waer doór hy is bezweken

Den vreedhaert was nog niet voldaen
heéft ook de meyd doórsteken
zy riep den heer Jesus aen
is ook in 't bloéd bezweken
men kwam geloopen op [illegible]ingt
den moorder is dan [illegible]lugt
men kwam hem aen te randen
doór de Justitie hande

De Meyer heéft hem eerst gevat
maer heéft op hem geschoten
met een pistoól dat hy nog had
maer het kost hem niet baeten
hy wierd gebonden en gekoort
die had dit weêrdig hoofd vermoord
geslepen en geslaegen
en zoo na 't kot gedraegen

Dan wierd hy zoo nae Lier gebragt
doór Jeanpetters en Boeren
met eene groot en sterke wagt
zag m'hem na Mechelen voeren
waer hy het groot gehoor passeért
nae Antwerpen getransporteért
men zag daer in zyn wezen
de vreedheyd op te leézen

Hy kwam daer in den Tribunael
hoord den moorder Jugeéren
de getuygen in groot getal
kwaemen daer declareéren
den moorder wierd daer overtuygd
het kwaet voór het recht nederbuygt
hy moet het leven derven
tot Lier daer moet hy sterven

Spiegeld u booshaerds die nog leéft
wilt u tot God bekeeren
die zoo barbaers en dertel leéft
vreest altyd God den heere
want wie zyn even-mensch vermoord
en het zoet saemen-leven stoort
ziet men guillotineren
en hem doór 't recht Jugeéren.

t'Antwerpen uyt de Drukkery van J. THYS.

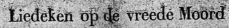

Bijlage 2

DOOD-VONNIS
VAN HENDRICUS DE BACKER,
den 29 January 1842.

LIEDEKEN op de grouwel Moord begaen/ op den 2^{en} January 1842, door Hendrick De Backer,/ aen den eerweerdigen heer Petrus De Groof,/ Pastoor van Nylen, gebortig van Engelmunster,/ ouderling van 70 jaren, en zyne Dienstmeyd van/ Hezen, in den ouderdom van 60 jaren.

Stemme: Den Wereld is bedorven.

[1] Ziet hoe het kwaed den mensch komt te verleyden
en hem kan brengen tot eene vreedheyd groot
het doet hem van den weg der deugden scheyden
het doet begaen de allervreedste moord
zoo men nu ziet onlangs geschied
Eylas! op het dorp van Nylen
zoo gy verstaen zult in dees lied.

[2] Eenen tyraen, De Backer zonder schromen
verleyd al door den duyvels boozen raed
is in den morgen tyd zeer vreed gekomen
tot den Pastoor, hoe grouwelyke daed
en heeft gezeyd Eerweerdigheyd
wilt met my nae Bouwel treden
den Pastoor is in slechtigheyd.

[3] Mynheer De Groof sprak mynen vriend geprezen
het is den tyd ik d'hoog-misse moet doen
maer naer dat ik die zal hebben gelezen
komt nae myn huys wy zullen ons dan spoen
dacht geen misbaer maer den barbaer
met den helschen last bevangen
volgt hem nae de misse spoedig naer.

[4] Nouwelyks was hy in het huys getreden
trekt een pistool en bylken met geweld
zegt tot den Pastoor deze vreede reden
ik moet bekomen van uw goed en geld
den moordenaer als een barbaer
komt hem spoedig aen te randen
rukt hem, Eylas! in doods gevaer.

[5] Den tyraen in duyvels kwaed verslonden
als dorstig nae het weerdig priester bloed
komt den Pastoor schikbaer (sic) in 't hoofd doorwonden
en zyn lichaem zeer boos ende verwoed
den zelven tyd zyne dienstmeyd
komt haren buyk te doorwonden
die riep om hulp vol bitterheyd.

[6] Door haer geschreyd komt den tyraen te vlugten
waer op dat komen de gebueren liën
zien 't weerdig bloed vloeyen vol ongenugten
kwamen te laet, Eylas! hunne hulpe bien
maer den barbaer volgt men straks naer
en word spoediglyk gevangen
een regten dief en moordenaer.

[7] Terwyl den Meyer hem komt aen te randen
wilt hy betoonen nog zyne vreedheyd groot
tragt hem het hoofd of hert te doorbranden
door duyvels lust zyne pistool afschoot
maer den tyraen wierd overman
maer de regters gegeven
die spoedig komt zyn straf te ontfaen.

[8] Hy wierd veroordeeld om de dood te sterven
al door het zweerd der vreede guilliotin
in d'Antwerpsche stee moest hy het leven derven
en op 't schavot voor elk een spiegel zyn
hoe de boosheyd den mensch verleyd
en eene schrikbare dood sterven
God geeft zyne ziel de zaligheyd.

[9] Ouders wilt dit aen hunne kinders leeren
dat zy worden al van het kwaed bevryd
en doet hun bidden aen den heer der heeren
voor den Pastoor d'eeuwige zaligheyd
en dat hy spaer den moordenaer
van den poel der helsche gronden
maer hun is in 't hemelsch schaer.

Bijlage 3

NIEUW LIEDEKEN

Op het vreed geval gebeurt op het dorp vanl NYLEN, by Lier, den 2 january 1842, aenl den Eerweerden Pastoor.

Stemme: Vrouw Venus valsch.

[1] O grooten God wat hoort men veel malheuren
van vreede moorde en dievery
gelyk men nu tot Nylen ziet gebeuren
aen den pastoor wat een veradery
den tweeden January vrienden wilt ontouwen
was ziekelyk hy had zyn mis bestend
aen eenen anderen priester die hy kenden
zoe dat hy was t' huys hy niet en was gewend

[2] Een moordenaer is naer zyn huys gekomen
hy dacht den pastoor is nu in de kerk,
belt aen de deur als eenen vromen
hy dacht de meyd is nu alleen in het huys
maer den pastoor die dede zelver open
den moordenaer die heeft hem vast gepakt
maer den pastoor die heeft op hulp geroepen
den moordenaer die gaf hem eenen kap

[3] Hy heeft den pastoor eenen steek gegeven
dat hy daer neerder viel op den grond
den pastoor riep ô vriend spaert my het leven
kwam hem te deffenderen met er stond
hy heeft den pastoor by de keel gegrepen
hy riep Heer Jesus Maria aen
ô grooten God bewaerd my toch het leven
moet ik dan zoo ellendig sterven gaen

[4] Maer op het gerugt is er veel volk gekomen
waer door den moordenaer nam de vlucht
maer spoedig kwamen zy hem aen te randen
hy defendeert hem door zyn moorders zucht
door het geweld zoo wierd hy overwonnen
zy bragten hem by de Heeren van de wet
daer wierd [...] gekroond en vreed gebonden
en daer in het donker gezet

[5] Zy hebben hem in echtenis genomen
naer Mechlen naer het groot prizon gedaen
den moorder zal den dag wel goed onthouwen
van zoo een schelmstuk dat hy heeft gedaen
verwagt zyn straf voor het geen hy heeft bedreven
en bid den Hemel en vraegd aen God genae
en zal aen ieder een exempel geven
wanneer dat hy zal zyn straf ontfaen

[6] Maer den pastoor die was nog in 't leven
ô wonderheyd hy is door God bewaerd
naer veertien dagen heeft hy zynen geest gegeve
naer dat hy alles had openbaerd
den pastoor die kwam nog genade vragen
op zyn doods-bed voor zynen moordenaer
en heeft aen God zyn ziel nu opgedragen
en hy die vertroost nog al die zyn lyden ziet

Bijlage 4

DE MOORD VAN NIJLEN

[1] Er is gebeurt (sic) bij de pastoor van Nijlen
een wredige moord
oep hem en zijne meid gepleegd
z'hebbe z'alle twee
met messen en met bijlen
oem 't leve gebracht
en dan de kas geleegd.

Refrein:
Ja, ja 't is waar
't is een echte schand
da zoiets gebeurt
al in ons Vaderland.

[2] Meneer Pastoor die wier gebonde
z'en heilig lijf da wier geschonde
de meid die wier,
is het nie godgeklaagd
deur alle vier
de moordenaars ontmaagd.

Refrein

[3] Meneer Pastoor die wouder nie spreke
toen zen ze begonne
met messe te steke
het bloed da spatte
uit wonden en gaten
den brave heeft er
zijn kees gelaten.

Refrein

[4] De kassen die wiere er opengebroke
het geld geroofd en 't huis in brand gestoke
as z'al hun snode daden hadden gedaan
z'en z'alle vier er
stillekes van deur gegaon.

Refrein

[5] In Antwarpe in 't Schipperskwartier
dor ginge ze nor
de maskes van plezier
oep ene nacht
was al da geld verteerd
was da na wel
da moorde en brande weerd.

Refrein

[6] De gendarme hebbe ze gauw gevonde
ze ware zat
en in staat van grote zonde
ze zen alle vier
al nor de galg gegaon
da was het einde
al van hun wreed bestaon.

Refrein

[7] Wel brave mensen g'hebt na gehoord
d'historie van
dees vreselijke moord
die wierd gepleegd
met messen en met bijlen
oep ene meid
en de pastoor van Nijlen.

PRINTED ON PERMANENT PAPER • IMPRIME SUR PAPIER PERMANENT • GEDRUKT OP DUURZAAM PAPIER - ISO 9706
N.V. PEETERS S.A., WAROTSTRAAT 50, B-3020 HERENT